# VOYAGE AU CŒUR DES MARCHES FINANCIERS

Nouvelle édition 2020

Didier JOURNO

© 2019, Didier JOURNO

Editeur: BoD – Books on Demand

12/14 rond-point des Champs Elysées,
75008 PARIS

Impression: BoD – Books on Demand,
Allemagne

ISBN: 9 782322 084302

Dépôt légal : Octobre 2019

*A Sandrine qui m'a beaucoup apporté et soutenu pour écrire une nouvelle édition ...*

*A mes enfants qui m'apportent chaque jour du bien-être et du bonheur : Samuel, Ornella, Gabriel, Eli et Noam.*

*A mon petit-fils Liam qui illumine ma vie depuis sa naissance.*

## TEMOIGNAGES AVANT LECTURE ET SORTIE DU LIVRE

*« Avec grand plaisir de l'acquérir et j'en suis sûr, ce sera une aide utile et forte agréable, quel qu'en soit le lecteur débutant ou averti. » Mario P.*

*« Bravo Didier ! Félicitation pour ton livre ... Je suis partante pour les 45 minutes de voyage financier. Je te souhaite que le meilleur. » Inès M.*

*« Quelle excellente idée ! » Nathalie E.*

*« Félicitations, c'est une bonne nouvelle, tiens-nous au courant de la sortie. » Emilie S.*

*« Beau projet que de simplifier la compréhension des marchés financiers pour tous. C'est déjà le cas lors de chacune de tes interventions. » Julien H.*

*« Bravo Didier pour cette démarche et ton action quotidienne auprès de nos équipes pour rendre les marchés financiers accessibles au plus grand nombre et ce de façon ludique. » Cécile C.*

*« Trop hâte de le lire ! Même si je préfère l'auteur en vrai et en pleine démonstration !!! »* Soumia L.

## TEASING ...

Qu'évoquent les marchés financiers pour nos clients ?

Que répondent-ils lorsque nous leur disons que le meilleur moyen d'optimiser la performance de leur épargne réglementée (Livret A, PEL, Fonds en € dans l'assurance vie) est de se positionner sur les U.C., unités de compte ou sur les OPC, organismes de placement collectif ?

C'est risqué, c'est ce qu'ils nous répondent.

Que répondent les conseillers et comment agissent-ils face à cette objection ?

Les conseillers essayent d'argumenter contre cette pensée ... A mon sens ils ont tort, les clients ont raison : les marchés financiers sont risqués.

Et pourtant il faut bien accompagner nos clients sur ces placements, mais comment ?

Principe de base : on ne peut pas faire changer d'avis un client, ni personne d'autre dans votre entourage d'ailleurs, il faut l'amener à réfléchir sur ce qu'il avance.

Voulez-vous en savoir plus ?

Banquiers, Assureurs, vous connaissez la difficulté à embarquer nos clients sur les unités de compte, sur les OPC, de façon générale de les amener sur les marchés financiers.

Nos clients le savent, l'épargne réglementée, le fonds en € rapportent de moins en moins.

Et pourtant la majorité n'ose pas bouger de cette épargne.

Alors y-a-t-il une solution pour les convaincre ?

Et s'il y en avait une ?

Peut-on encore prétendre à des performances au-dessus de l'épargne sécurisée ?

Peut-on espérer une performance positive dans des marchés baissiers ? En d'autres termes, peut-on gagner de l'argent quand les marchés baissent ?

……….. J'ai peut-être la solution ……….

Laissez-moi l'opportunité de vous faire voyager dans un monde opaque et a priori réservé à une élite.

## QUI SUIS-JE ?

Responsable Commercial Régional dans une grande banque française, j'exerce dans la filiale spécialisée dans les marchés financiers. J'anime le réseau d'agences sur toute l'ile de France hors Paris et je donne de la visibilité aux conseillers pour qu'ils soient plus à l'aise avec ce sujet parfois très compliqué. J'interviens régulièrement auprès de toutes les strates de conseillers en agence, j'organise des conférences téléphoniques mensuelles au cours desquelles je donne une vision de l'économie mondiale, je m'atèle à la montée en compétence des conseillers spécialisés en agence et de plus en plus je suis appelé à réaliser des conférences auprès de clients finaux.

Mon parcours professionnel et privé est très atypique mais m'a énormément aidé dans mes différentes fonctions et missions. Marié pendant 26 ans et aujourd'hui divorcé, j'ai cinq enfants qui m'ont beaucoup appris sur la vie. Autodidacte, je me suis toujours auto formé et j'ai donc, de ce fait, usé de méthodes simples mais ai aussi appris à en construire. La principale mission de ma vie professionnelle est le management. Le management est un métier à part entière et la réussite de ce métier est conditionnée par l'écoute de l'autre. Donner du sens, expliquer un projet, motiver les équipes sont les trois grandes clés de la réussite dans le management. Aujourd'hui, ces compétences m'ont permis d'évoluer vers ce poste d'animation d'un réseau d'agences bancaires.

Diplômé du PRAM, PRogramme Asset Management, j'ai eu la satisfaction de concrétiser via ce diplôme toutes les compétences acquises durant ma vie professionnelle qui a débuté en 1986 au sein d'un cabinet de courtage en assurances dès l'âge de mes dix-huit ans. Après avoir travaillé treize ans dans différents cabinets de courtage, j'ai intégré en Intérim, la plus grande banque d'affaires en France, spécialisée dans les placements aux particuliers. J'ai pu malgré mon manque d'expérience dans ce milieu être rapidement intégré en CDI, sans diplôme, une quasi-première dans une banque en 1999. Mon sens du commerce et mon attrait pour la négociation ainsi que la relation clients m'ont beaucoup aidé à faire la différence. Je reste toutefois convaincu que la principale clé de ma réussite réside dans le fait que je partais de zéro, et donc je n'avais aucune réticence ni même un frein quelconque à proposer des placements financiers, alors que ce n'est pas mon parcours initial. J'ai suivi une formation comptabilité jusqu'au bac. J'en ai déduit et j'ai enfin compris d'où vient l'expression « la chance du débutant » Le débutant n'a pas plus de chance qu'un autre c'est juste qu'il aborde les choses simplement et arrive à se faire comprendre. Le client comprend, y voit clair et nous suit ... D'ailleurs, J'ai remarqué qu'au bout d'un certain temps, les résultats ne sont plus au rendez-vous, non pas parce que nous perdons en compétence mais bien au contraire parce que nous en avons acquises. Le conseiller ne prend pas conscience que vous, en tant que client, n'avez pas suivi un parcours de formation vous permettant d'acquérir des compétences sur ce sujet. Il est donc impératif que le conseiller garde en mémoire cela, qu'il reste donc simple dans ses explications pour que vous puissiez complètement appréhender la stratégie proposée.

L'objectif d'un conseiller en épargne est bien évidemment de monter en compétence car c'est essentiel pour être plus à l'aise mais il ne faut pas oublier que vous, en tant que client, vous recherchez des discours simples sans mot incompréhensible et nous savons que sur ce sujet il existe beaucoup de mots techniques.

Que pensez-vous d'une personne qui arrive à vous expliquer, et surtout à vous faire comprendre un sujet que vous n'avez jamais compris, malgré plusieurs tentatives par d'autres intervenants ?

La réponse est évidente et simple : Cette personne doit maitriser parfaitement son sujet pour qu'il arrive à expliquer simplement ce sujet aussi complexe ...

C'est donc sur ce simple constat et par mon expérience d'animation sur le terrain, mais aussi la rencontre avec de nombreux clients, que j'ai décidé de mettre par écrit une méthode que je propose et qui fonctionne dans le milieu de l'épargne financière.

J'espère que cet ouvrage va vous permettre de mieux appréhender ces marchés et vous donner de la visibilité sur le « comment faire » pour éviter de mauvaises surprises.

# I

## PREPARONS NOTRE VOYAGE

Vous êtes devant votre radio ou votre poste de télévision. Vous écoutez un point bourse. Voici ce que vous entendez …

« Bonjour à toutes et tous et bienvenue pour ce point sur l'actualité économique mondiale. Un mois d'Août particulièrement chaotique notamment dû à des évènements politiques majeurs. Les présidents américains et nord-coréen se sont affrontés verbalement en essayant d'asseoir leur puissance à la vue du monde. Les discours belliqueux de chacun des intervenants ont eu pour but de démontrer leurs capacités à se tenir tête et par cet intermédiaire ils ont voulu montrer leur puissance de frappe. Ces échanges ont provoqué des perturbations sur les marchés financiers et les investisseurs ont craint que ces paroles soient suivies d'actes. En effet, lorsque nous connaissons ces deux personnalités, Donald TRUMP et de Kim JONG-UN, tout peut arriver. Entre le président américain promettant « le bruit et la terreur » et le président nord-coréen détaillant un plan très précis d'une éventuelle offensive contre l'Ile de Guam, il y a en effet de quoi être inquiet. Et tout dernièrement, en date du 3 septembre 2017, un essai nucléaire de PYONGYONG (capitale de la Corée du Nord), en lançant une bombe H qui atterri au fond de l'océan. Cet essai qui s'est avéré très concluant, réactive de ce fait, l'inquiétude de la population mondiale mais aussi celle des investisseurs.

Les marchés actions au courant de ce mois d'Août ont été chahutés et la volatilité est remontée assez rapidement. Toutefois, malgré ces évènements, nous avons pu noter une progression de l'indice MSCI World à 2,9% par rapport à fin juin et à 13,4% depuis le début de l'année. Ces marchés résistent toutefois très bien, notamment grâce aux facteurs positifs notables au niveau international. Le climat économique reste porteur dans sa globalité et en particulier dans la zone euro. Nous apercevons toujours une inflation modérée et les banquiers centraux donnent l'impression de vouloir tempérer la normalisation de leur politique monétaire. Cela reflète très clairement une volonté de ne pas effrayer les investisseurs et éloigne, de ce fait, le risque d'une réaction violente sur les marchés obligataires, même si les taux sont au plus bas.

Enfin, un point sur les grands indices internationaux. Le CAC 40 réalise une performance de +0,91% qui le propulse à 5679 points. Cette évolution est largement portée par les financières, en comparaison avec le secteur automobile en peine. Les indicateurs français sont toutefois bons et une belle fin d'année est à prévoir. Concernant l'Eurostoxx 50, il termine lui aussi en hausse de +0,86% avec un niveau s'élevant à 3570 points ; Pour finir, le DOW JONES clôture en hausse de +0,26% pour atteindre 27086 points, au-dessus de la barre symbolique des 27000 points. Comme vous pouvez le constatez, tous les indices principaux sont en hausse sur cette séance, malgré des informations politiques et géopolitiques plutôt négatives et alarmantes.

Je vous remercie pour votre écoute et de votre présence pour ce point et j'aurais le plaisir de vous retrouver dès demain pour un autre point bourse ... »

Avez-vous tout compris ? Est-ce clair pour vous ?

Quelle est votre réaction lorsque vous entendez ce type de discours et de commentaires ?

Et si nous commentions les marchés différemment ? Combien d'entre nous ont compris cette analyse ? Quel rapport y-a-t-il entre tous ces évènements et l'évolution de la bourse ? Je vous l'accorde, les messages ne sont pas très clairs et cela ne nous incite pas à investir notre capital en actions.

Les marchés financiers représentent un de ces sujets complexes qui passionne certains mais qui surtout inquiète de plus en plus les investisseurs « particuliers », en raison de leur instabilité permanente. La vision des marchés financiers, et plus particulièrement l'investissement en bourse, peut paraître être uniquement réservé aux investisseurs avertis. Mais est-ce vraiment le cas ? L'investisseur particulier peut-il s'essayer à ce type d'investissement ? Malgré la probabilité de gagner de l'argent sur ces marchés, les investisseurs non institutionnels ne franchissent pas la barrière et reste sur leur épargne réglementée. En effet, leurs craintes sont trop grandes et le simple fait de savoir que ces placements sont plus rémunérateurs, ne suffisent pas à franchir le pas.

Pourquoi investir sur les marchés financiers ? A quoi cela sert ? Et, surtout, pourquoi ces investissements ont une influence non négligeable sur l'économie mondiale ?

Que l'on investisse sur des actions d'une entreprise ou sur des fonds actions d'un établissement bancaire, l'investisseur prend part au capital de l'entreprise. L'investisseur peut aussi décider d'acheter des obligations ou des fonds obligataires et dans ce cas, l'investisseur prête de l'argent à l'entreprise qui a émis cet emprunt. Je veillerai à expliquer dans cette introduction, la différence entre ces deux types d'investissements qui auront un effet différent en fonction de la personnalité de l'investisseur et de son appétence au risque.

De façon direct ou indirect, il participe donc au développement et à la croissance de l'économie internationale. En effet, que nous prenions part au capital d'une entreprise ou que nous lui prêtions de l'argent, nous augmentons ses capacités d'investissement. D'un point de vue extérieur, les marchés financiers inquiètent et sont en permanence sur le devant de la scène dans les médias notamment lorsqu'une « affaire » voit le jour. En effet, rappelons-nous la crise financière de 2008 aux Etats-Unis avec l'effondrement de la banque Lehman Brothers, l'affaire Kerviel avec la Société Générale, plus récemment, la crise grecque qui a fait trembler la zone euro, le référendum en Grande Bretagne en faveur d'une sortie de l'Angleterre de la zone euro, l'élection de Donald Trump aux Etats-Unis, Etc ...

Tous ces évènements ont eu un effet sur les marchés financiers, et ce type d'évènements peut et va revenir en permanence. Toutefois, ont-ils une réelle influence sur les marchés ? Si oui est-ce pérenne ? En tout état de cause, pouvons-nous investir sereinement dans ce contexte, dans ce monde qui bouge sans cesse et de ce fait, en faire abstraction, sans se soucier des aléas de la bourse.

Beaucoup de questions certes, des questions que vous vous posez d'ailleurs certainement, et pour lesquelles je vais tenter de vous apporter les réponses. Mais avant cela, définissons quelques termes largement entendus à propos des marchés financiers.

## **Qu'est-ce qu'un marché financier ?**

« Les marchés financiers sont des marchés qui mettent en relation des entreprises ou autres (agents à besoin de financement) avec des investisseurs (agents à capacité de financement). »

Ces investisseurs peuvent être des particuliers mais ils peuvent aussi être des entreprises. L'entreprise a un besoin de trésorerie et fait donc appel à l'ensemble des citoyens dans le monde pour « lever des fonds » C'est donc une place ou se rencontrent ces différents intervenants et un marché de négociation se met en place.

Qui sont les agents à besoin de financement ?

Les entreprises ou l'état

Qui sont les agents à capacité de financement ?

Les particuliers, les entreprises, les Etats, les Investisseurs institutionnels.

Je vous l'accorde cette définition peut paraitre abstraite et donc un peu compliqué à comprendre mais je vous rassure, cet ouvrage vous explique en détail le fonctionnement de la bourse.

Essayons ensemble de donner une définition d'une action, d'une obligation et d'un OPC (auparavant appelé OPCVM). Ce recueil se veut accessible à la majorité des investisseurs particuliers, je ne définirai donc pas d'autres supports d'investissements plus complexes, qui de surcroît peuvent être beaucoup plus risqués.

<u>Qu'est-ce qu'une action ?</u>

Une entreprise cotée sur une place boursière met à disposition une partie de son capital social pour les investisseurs souhaitant participer à son développement. Ce capital est fractionné en petites parts appelées actions. Lorsqu'un investisseur achète une action, il devient de fait actionnaire de cette entreprise. Les fonds investis dans cette part reviennent donc à l'entreprise qui les utilise pour investir dans sa croissance et son évolution. L'actionnaire, donc l'investisseur, acquiert par ce biais différents droits : Un droit à l'information, un droit de vote (l'investisseur prend part aux différents votes concernant la vie de l'entreprise), le droit de percevoir les dividendes (partie des bénéfices générés par ladite entreprise).

Qu'est-ce qu'une obligation ?

L'obligation est un titre de créance. Plus simplement, un état, ou une entreprise, a besoin d'un prêt et fait appel aux citoyens. Cette entreprise ou cet état émet donc une obligation pour financer ses investissements et comme son nom le laisse entendre elle « s'oblige » à payer des intérêts à échéance régulière. L'avantage des obligations est que nous connaissons à l'avance le niveau de la rémunération ainsi que son échéance. Contrairement à une action, l'obligation a une durée de vie limitée dans le temps.

Certes, lorsque je vous donne ces informations, je comprends parfaitement que vous soyez encore dans le flou artistique et que vous aspiriez à mieux appréhender ce monde. Il s'agit donc dans cet ouvrage de rendre plus accessible ces marchés qui sont très clairement un moyen très simple et efficace de faire fructifier son épargne. Attention toutefois il faut adopter une stratégie.

Intimement convaincu, que la visibilité et la compréhension des marchés sont un déclencheur d'investissement, j'ai tenté d'imaginer une stratégie simple et innovante qui permet d'inciter les investisseurs à faire le pas.

<u>Qu'est-ce qu'un OPC</u> (Organisme de Placement Collectif), plus communément appelé <u>Fonds</u> ?

Un OPC est un fonds dans lequel se trouvent plusieurs types de supports d'investissements. Les plus courants sont ceux cités plus haut, notamment des actions ou des obligations.

Il est toutefois à noter que tout type de supports peut être logé dans un fonds. C'est pour cela que je vous recommande la plus grande vigilance lorsque vous prenez la décision d'investir dans un fonds, notamment sur la composition de celui-ci. En effet, le niveau de risque d'un fonds va être conditionné par le type de supports sur lequel il investit. Un OPC peut aussi investir dans d'autres fonds, c'est ce que l'on appelle <u>un fonds de fonds</u>. La particularité d'un fonds, contrairement à un titre en direct, action ou obligation, c'est qu'il est managé par un gérant. Le gérant a pour rôle d'atteindre l'objectif qui lui a été fixé par la société de gestion et de ce fait prend toutes les décisions d'investissement sur le fonds dont il a la charge. Il est donc le seul responsable des performances dégagées et il est celui qui décide des investissements à faire. En d'autres termes, et par facilité, lorsque vous investissez sur un fonds, vous déléguez la gestion à un professionnel, ce qui vous évite d'être en permanence aux aguets et de suivre l'évolution des marchés. Le gérant le fera pour vous et prendra les décisions relatives à la conjoncture économique du moment et, bien entendu, selon ses convictions propres. Le meilleur moyen de ne pas se tromper d'investissement dans un fonds est que vous, et le gérant ayez le même objectif et les mêmes convictions, ce qui facilitera votre compréhension.

Mais pour votre totale et parfaite information, je vous propose un peu d'histoire sur les marchés financiers. Comment la bourse est-elle née ? Quelles en sont ses évolutions et son état aujourd'hui ?

Tout d'abord essayons d'analyser la perception qu'ont les personnes de la bourse. La bourse est, dans l'absolu, un endroit assez fermé ou « crient » des personnes pour acheter ou vendre des actions « à la criée » Une bande de « banquiers » se disputant à longueur de journée pour acheter et vendre aux meilleurs prix. Cela se passait de cette façon au palais Brongniart, place de la bourse, concernant la place financière de Paris. Lorsque nous essayons de comprendre ce qu'il se passe en bourse, nous entendons les analyses des professionnels. Cela ne nous aide toujours pas et bien souvent cela devient de plus en plus opaque. L'image de la bourse n'est pas forcément claire et la majorité des investisseurs potentiels estiment que la bourse est créée pour des investisseurs « requins » et avertis qui cherchent par tous les moyens de faire de la spéculation sur le dos de petits investisseurs espérant gagner de l'argent sur ces marchés. Ce serait un système capitalistique réservé uniquement à une élite financière possédant d'énormes avoirs. Je suis convaincu du contraire et je le développerai un peu plus loin. Les termes employés ne sont pas tous compréhensibles par le commun des mortels ce qui rend encore plus flous ces marchés qui ne cessent d'être chahutés. Bref, « la bourse ce n'est pas pour nous », « laissons les professionnels en profiter et plaçons nos économies sur des supports plus surs. »

C'est au $14^{ème}$ siècle en 1309 que la notion de bourse est apparue à Bruges en Belgique. C'est la création de la première bourse. En effet, des titres financiers s'échangeaient exclusivement entre un vendeur et un acheteur, autour d'une place dans la ville. C'est ce que l'on appelle un marché de gré à gré. En d'autres termes, le marché de gré à gré ne peut fonctionner que si deux contreparties se mettent d'accord sur un prix, sinon la transaction ne peut avoir lieu. A Paris, ces rencontres entre négociateurs avaient lieu sur le pont aux changes d'où son nom. Un grand nombre d'entre vous me répondront qu'à ce jour, le fonctionnement est identique, mis à part, que tous les échanges sont gérés informatiquement. Sauf à dire que les marchés des actions est très liquide, c'est-à-dire, que les investisseurs n'ont aucune crainte à se retrouver avec des actions dans leurs portefeuilles sans pouvoir les vendre. En effet, la liquidité est totalement assurée par les émetteurs de ces titres et facilite donc les flux d'échanges. L'avantage, pour les sociétés cotées en bourse, que les marchés « actions » soient liquides, est d'attirer les investisseurs. En effet, plus les titres seront facilement vendables ou achetables et plus les investisseurs privilégieront ce titre.

En France, la première bourse voit le jour en 1540 à Lyon.

Les premiers titres financiers de type actions d'entreprises s'échangent dès 1698 à Londres.

Pour être plus concret, faisons un focus sur la bourse de Paris, avec notamment la création du CAC 40.

<u>Que veut dire le sigle CAC et que représente 40</u>. Aujourd'hui CAC est le sigle de Cotation Assistée en Continu. Comme son nom l'indique, les valeurs du CAC sont cotées en continu et accessibles à tous pour les transactions pendant les heures d'ouverture de la bourse de Paris de 9h00 à 17h30, du lundi au vendredi. Avant 1987, CAC signifiait Compagnie des Agents de Change, et c'est par ces intermédiaires que le CAC 40 d'aujourd'hui voit le jour le 31 décembre 1987 avec un niveau à 1.000 points. A titre d'information, (29 Août 2017), le niveau du CAC 40 avoisine les 5.015 points.

Pour ce qui concerne le chiffre 40, c'est simplement les 40 plus grandes valeurs françaises qui représentent les grandes entreprises qui ont la plus grosse capitalisation boursière.

Qu'appelle-t-on capitalisation boursière ?

La capitalisation boursière est le volume des actions mises sur les marchés financiers, sachant qu'il est strictement interdit pour une entreprise de mettre à disposition l'intégralité de son capital sur les places boursières.

Ces entreprises sont censées refléter la santé financière de l'économie française, notamment grâce à la diversification des secteurs d'activités dans lequel elles évoluent.

Comment fonctionne cet indice ? Et évolue-t-il dans le temps ?

En général, les valeurs contenues dans cet indice évoluent très peu, mais il peut arriver qu'une valeur sorte ou entre dans le CAC 40. La décision de faire entrer une valeur dans l'indice, ou de la sortir, est tout simplement en rapport au volume des échanges sur l'action. Afin d'être représentatif, il faut un minimum d'échanges pour maintenir une valeur dans l'indice. Ce qui peut changer, en revanche, et ce de façon plus régulière, c'est la pondération de présence dans l'indice.

Je m'explique. En effet, nous pouvons croire que cet indice reflète les 40 plus grosses capitalisations françaises de façon égale. Et bien non. Une pondération est appliquée sur chaque valeur. Et cette pondération n'est jamais fixe et est continuellement en mouvement.

Afin de mieux comprendre les marchés financiers, il me parait important de détailler le titre de cet ouvrage. En effet, si vous souhaitez savoir où vous allez lorsque vous investissez sur les marchés, vous devez vous préoccuper tout d'abord de votre ressenti. Ensuite faire en sorte que ces investissements soient un beau et long voyage. Et si les marchés financiers n'étaient ni plus ni moins qu'un superbe voyage, le voyage de vos rêves ?

Laisser-moi vous faire voyager au cœur des marchés financiers ...

Mais avant de rentrer dans le vif du sujet, il me faut d'abord admettre un postulat, un préalable incontournable : Nous ne pouvons d'emblée faire changer d'avis un individu. En effet, la majorité des conseillers financiers propose à leurs clients des solutions d'épargne en argumentant contre leurs façons de voir les choses et contre leur ressenti des marchés financiers. Il faut essayer d'agir différemment, contourner l'obstacle, et pour ce faire, toujours aller dans le sens de l'investisseur. Les conseillers ne le font pas car ils sont en manque d'argumentation lorsqu'un client se dit totalement réfractaire à un investissement en bourse. « C'est risqué, j'ai perdu beaucoup d'argent, la bourse ne fait que baisser, la bourse plus jamais ! »

Si votre conseiller refuse d'aller dans le sens de ce point de vue, cela va l'inciter à dérouler son argumentaire sans prendre cas de ce que pense son client et vous aurez l'impression que le conseiller essaye de vous vendre à tout prix un produit qui ne correspond pas forcément à votre attente et à vos projets. Ce comportement poussera naturellement le conseiller à sur-argumenter un produit qui n'en a pas besoin ...

En revanche, nous devons faire évoluer la situation, mais comment ?

Beaucoup de conseillers n'osent pas faire le pas, à savoir proposer des solutions d'investissements sur les marchés financiers car ils en ont eux-mêmes peur. Aussi, ils préfèrent ne rien proposer, de peur d'avoir des réclamations clients. Nombreux sont les conseillers qui pensent aussi que les marchés financiers sont risqués.

Sont-ils vraiment risqués ? Peut-on gagner de l'argent même en temps de baisse des marchés ? Y-a-t-il une stratégie gagnante à tous les coups ?

Nous allons essayer d'y répondre dans ce recueil.

## II

## DECOUVRONS NOTRE PLAN DE VOL

Lorsque vous prenez un rendez-vous dédié à l'épargne, votre conseiller a trop tendance à dérouler son argumentaire en fonction de votre situation patrimoniale, de vos avoirs et de la connaissance de vos habitudes qu'il a acquis au fil des différentes années, sans écouter votre point de vue, ni votre ressenti sur la proposition. Cette posture n'est pas de son fait, le conseiller essaye de vous convaincre du bien-fondé de sa proposition, et elle est certainement adaptée à votre situation mais il oublie de vous expliquer comment il est arrivé à cette conclusion. Et c'est ce qui vous gêne énormément car vous avez l'impression de ne pas avoir été entendu. Vous avez donc l'impression qu'il ne peut, de ce fait, adapter son discours à son interlocuteur et il vous perd rapidement. L'entretien se conclue par un « je vais réfléchir » de votre part.

Le conseiller doit être humble et comprendre que cette affirmation de la part du client est simplement la non compréhension de son argumentation. Si tout est clair, simple, facile de compréhension et que vous avez compris l'avantage pour vous d'investir sur les marchés, il ne peut y a voir de réflexion. Sur quoi réfléchiriez-vous d'ailleurs ? Pensez-vous que nous pouvons réfléchir sur un sujet que nous n'avons pas saisi ? Pour preuve, lorsque le conseiller vous rappelle pour savoir où en est votre réflexion, neuf fois sur dix, vous répondez que vous n'avez pas eu le temps de vous y pencher ...

La réaction de votre conseiller quant à l'écoute est parfaitement normale car il souhaite éviter des questions trop dérangeantes sachant de surcroît dans certains cas, malheureusement très fréquents, il en connaît parfois bien moins que vous. C'est tout à fait normal, car votre conseiller doit traiter différents sujets bancaires pour vous rendre service, et il est appelé généralement conseiller généraliste dans certains établissements bancaires.

C'est la raison pour laquelle, de nombreuses banques aujourd'hui, ont mis en place des conseillers spécialisés, formés plus spécifiquement et plus techniquement, pour répondre à l'attente de leurs clients. Nous pouvons comparer cette situation avec le cas d'un médecin généraliste que je développerai plus loin, qui peut vous conseiller de consulter un spécialiste car la situation peut lui échapper.

Peut-on vendre un produit sans en connaitre précisément de quoi il s'agit ? Peut-on argumenter techniquement sans être technique ? <u>Doit-on argumenter</u> ?

Si vos conseillers répondent en majorité oui à cette question, je pense qu'ils se trompent et surtout vous trompent. C'est à mon sens le meilleur moyen de ne pas avancer sur un sujet et surtout ne jamais vous proposer des solutions d'épargne adaptées à ce que vous attendez. En effet, il faudra m'expliquer quand vos conseillers seront au point sur le sujet, et à quelle date ils connaitront le fonctionnement d'un marché financier ? Ne me répondez pas, je connais la réponse : JAMAIS

Les marchés bougent tellement vite et évoluent en fonction d'évènements que nous ne maitrisons pas forcément. Il est donc très compliqué de se mettre à jour rapidement.

Pourtant, vous avez besoin de leurs conseils et vous attendez d'eux un accompagnement.

Partons du principe que vous en connaissez plus qu'eux. Quelle va être la valeur ajoutée du conseiller ?

<u>Le questionnement</u>...

Voici la première question à vous poser qui va vous montrer que votre conseiller maitrise la situation alors qu'il ne maitrise rien. Une question valable depuis la création de la bourse et qui sera aussi valable dans les 10 ans à venir ...

« Vous avez vu, les marchés bougent beaucoup en ce moment, qu'en pensez-vous ? »

Cette question est très difficile à poser car la crainte des conseillers est d'avoir en retour la même question de votre part. Et là, le conseiller ne saura pas, dans la majorité des cas, répondre à cette question. Ou en tout état de cause votre conseiller aura beaucoup de mal à être précis dans ces propos car compte tenu de sa mission très diverse, il reçoit des informations concrètes mais sans explication détaillée. Il saura donc vous apporter des faits mais aura beaucoup de mal à en donner l'explication.

Deux cas de figures se posent, alors même si je suis intimement convaincu que vous ne poserez jamais la question car pour une fois nous vous donnons la parole pour que vous puissiez vous exprimer sur votre ressenti. Ce qui ne vous arrive que très rarement en agence lorsque vous vous déplacez.

1$^{er}$ cas de figure : vous posez la question.

La réponse appropriée est la suivante :

« Vous êtes ici pour avoir des conseils en investissements et avant de vous donner mon avis, il est essentiel que je sache ce que vous pensez des marchés financiers. »

« Qu'évoque ce terme pour vous ? »

« Pourquoi pensez-vous que les marchés financiers sont risqués ? »

D'ailleurs le risque existe-t-il ?

L'objectif de cette technique est de ne jamais prendre la main et vous la laisser afin de vous faire réfléchir à ce que vous dites mais, surtout, vous écouter activement comme il se doit pour que notre proposition ne soit jamais en décalage avec vos projets. De façon générale, lorsque nous ne sommes pas à l'aise avec un sujet ou qu'on ne maitrise pas un sujet, la seule échappatoire c'est de poser des questions ...

C'est comme cela que doit démarrer un entretien et une négociation, c'est la première partie d'un plan de vente : la découverte client ...

Qu'est-ce qu'une découverte client ?

La découverte client n'est pas seulement une étape de la négociation commerciale, c'est bien plus que cela. Elle va permettre d'être au plus proche de vos souhaits afin de vous proposer la solution adaptée à votre situation personnelle. Il est donc impératif et essentiel de bien vous écouter sur vos projets, sur votre vision globale de l'économie dans le monde et surtout bien savoir ce que vous avez en tête concernant les marchés financiers. Comment pouvons-nous aborder ces différents sujets sans avoir l'air de procéder à un interrogatoire ? Plutôt que d'aborder la découverte d'un point de vue bancaire, il faut commencer à poser des questions sur vos centres d'intérêt.

Qu'aimez-vous ? Quelles sont vos passions ? Quelle est votre activité ? Etc ...

C'est une approche différente et surtout une approche que vous apprécierez énormément car nous serons réellement dans l'empathie de façon honnête, pour simplement en savoir plus sur vous. En général, les conseillers commencent leur entretien en vous annonçant qu'ils vont faire un point sur votre dossier. Ils perdent malheureusement de vue que vous savez exactement ce que vous possédez en avoirs, et s'ils vous demandaient plutôt ce que vous pensez de vos placements ...

Combien de points ont déjà été faits ? bien plus qu'ils ne le pensent et vous savez pertinemment en tant que clients ce qu'ils vont vous dire. Ces placements ne rapportent plus rien et qu'ils ont des solutions à vous proposer bien plus rémunératrices. Vous les voyez venir à grands pas et vous vous renfermez donc immédiatement et vous n'écoutez plus votre conseiller dès cet instant. Il faut vous surprendre en démarrant par totalement autre chose et montrer que vous avez de l'importance à nos yeux. C'est ce que l'on appelle le service clients. Mon expérience montre à quel point vous êtes satisfaits et surpris de la façon dont l'entretien est abordé et avec quelle facilité vous apportez toutes les réponses nécessaires à la proposition commerciale. C'est d'ailleurs très étonnant quand on lit les différents échanges passés.

Poser des questions, encore des questions, rien que des questions ... Nous devons sans cesse vous questionner jusqu'à ce que vous n'ayez plus d'arguments et ceci uniquement dans le but d'argumenter là où il y en a besoin. Nous saurons exactement à cet instant que notre argumentation va être axée sur cette dernière objection, car c'est finalement celle qui vous dérange vraiment.

Nous remarquons aussi, en fonction de votre expérience, que vous ferez sans aucun doute un lien entre les marchés financiers et vos objectifs personnels. En effet, un grand nombre d'entre vous nous expliquera que vous ne voulez absolument pas retourner sur ces marchés risqués car cela vous a empêché de réaliser vos projets à un moment crucial dans votre vie. Il faut donc à nouveau vous questionner pour savoir si vous avez analysé la raison de votre perte. En général, vous ne le savez pas et dans la majorité des cas vous ferez endosser la responsabilité sur vos conseillers dont vous avez suivi les préconisations avec confiance.

Analyser les performances passées lors de vos investissements peut être dans un premier temps très riche en enseignement, notamment sur la raison des pertes subies pendant une période négative des marchés financiers. Il en ressort de façon très claire trois choses :

- Vous avez réalisé un placement mono produit : Investissement sur seulement un fonds ou une action (vous avez fait un pari)
- Vous avez réalisé un placement multi produits mais investi sur une même zone géographique ou sur un même secteur d'activité (vous avez diversifié mais pas correctement)
- Vous avez investi en une seule fois

Nous verrons plus loin une analyse plus détaillée de ce que je veux dire ici.

Une chose est certaine, c'est que nous ne pouvons plus baser notre argumentation sur la base de votre confiance. Nous parlons de votre argent et c'est donc une grande responsabilité que nous avons en matière de conseils. Si nous restons sur ces positions (la confiance), nous allons au-devant de réclamations car vous ne vous priverez pas de nous dire que nous vous avons mal conseillé et de fait vous n'hésiterez pas à nous assigner pour défaut de conseils.

Ces propos peuvent vous paraître beaucoup trop francs voir même honteusement dévalorisants pour les conseillers mais ce n'est pas le cas. C'est un simple constat qui ressort des multitudes de rencontres que j'ai pu avoir face à des clients, que ce soit dans la finance, dans la banque de détail, dans l'assurance ou ailleurs, au travers de mes différentes expériences professionnelles dans la vente et la négociation.

Je ne veux en aucun cas jeter la pierre aux conseillers qui agissent sincèrement et honnêtement pour leurs clients, ils le font peut-être maladroitement, certainement par le fait qu'ils sont généralistes. Vous lirez plus loin l'exemple du médecin face à ses patients.

Les conseillers sont des personnes très attachées à la satisfaction de leurs clients et toujours dans ce souci de bien faire sans se tromper, ils se mettent des freins qui, du coup, ne vous conviennent pas. Bien au contraire, vous attendez de nous que nous soyons proactifs avec des solutions claires, simples et concrètes. Vos conseillers dans leur majorité, sont plutôt bienveillants à votre égard et ne veulent que votre bien afin de maintenir une relation de proximité saine.

La découverte doit impérativement finir sur une reformulation complète de ce que vous nous avez énoncé afin d'être certain que nous ayons bien compris vos objectifs et vos préoccupations. Si c'est le cas, nous allons pouvoir continuer l'échange et la discussion et ainsi obtenir votre adhésion. Il sera bien plus simple de continuer sur une démonstration constructive.

Il y a toujours une expression que j'aime bien reprendre mais il ne faut pas la voir comme péjorative c'est : « Tout ce que vous pourrez dire pourra être retenu contre vous », comprenez plutôt être retenu pour vous, dans votre intérêt.

En clair, nous reprenons vos paroles et nous mettons en avant une solution. Vous m'avez parlé de votre souci de préparer votre retraite d'ici une dizaine d'années ? Très bien alors pour cet objectif-là, je vous propose, etc. ...

J'aime bien utiliser l'image d'un médecin. Imaginez un instant que vous alliez voir votre médecin et compte tenu de l'affluence importante dans la salle d'attente, votre médecin prépare à l'avance votre ordonnance sans vous demander ce qu'il vous amène. Qu'en penseriez-vous ? Vous sortirez sans dire un mot et vous vous dirigeriez vers un autre médecin. J'aime dire que nous sommes des médecins de la finance. Nous écoutons, nous analysons et nous proposons des solutions. Nous diagnostiquons et nous délivrons l'ordonnance. Comment délivrer une ordonnance sans avoir au préalable compris ce que vous souhaitez ? Le médecin vous délivrera aussi, dans certains cas, une ordonnance pour consulter un spécialiste.

Il est impératif de se mettre à votre place et notamment faire attention aux mots que nous employons. L'essentiel n'est pas la façon dont nous abordons les choses, bien qu'il y ait un lien avec la suite, mais surtout que vous compreniez parfaitement ce que nous vous disons. Mais au-delà de cela, c'est d'être vigilent sur ce que vous comprenez réellement. A ce titre, nous devons être le plus basique possible afin de vous donner de la visibilité.

Cette visibilité va sans aucun doute vous permettre d'être plus à l'aise avec ce sujet nébuleux et de mieux appréhender ces placements.

Ce que vous recherchez plus que tout c'est aussi de la compréhension. Comment pouvez-vous acheter quoique ce soit sans en comprendre l'utilité, ni à quoi cela sert ? Il est donc essentiel pour nous, de vous apporter toute la lumière sur les zones d'ombres et vous expliquer le fonctionnement de notre stratégie.

# III

## DECOLLAGE IMMEDIAT

L'objectif de cette deuxième partie est de vous expliquer les marchés financiers, ou en tout état de cause de vous expliquer son fonctionnement. Et oui c'est un préalable incontournable. Avant de poursuivre, voyons pourquoi c'est incontournable et revenons sur la notion de risque.

Qu'est-ce que le risque ? Existe-t-il ?

Cette notion est complètement différente d'un individu à un autre, c'est pour cela qu'il faut absolument remettre les choses dans leur contexte.

Prenons un exemple : deux amis travaillent dans deux grandes entreprises différentes. Au moment d'investir leur participation ou leur intéressement sur leur Plan d'Epargne

Entreprise (PEE) ou leur Plan d'Epargne Retraite Collective (PERCO), un choix s'offre à eux. Sur quel support d'investissement vais-je placer mon argent ? En réalité la question ne se pose pas, c'est une évidence. Chacun d'entre eux va investir dans l'action de leur entreprise. Pourquoi, alors même qu'une action est le support d'investissement le plus risqué sur les marchés, noté SRRI 7, note maximum sur l'échelle de risque (SRRI : Synthetic Risk and Reward Indicator : Indicateur Synthétique de Risque et de Performance).

Voyons un peu plus dans le détail le cas et demandons à chacune de ces deux personnes d'investir dans les actions de l'entreprise de l'autre. La réponse sera claire, c'est NON. Pourtant le niveau de risque est le même mais ils ne feront pas le pas.

Alors pourquoi cette réticence d'investir sur une action de l'entreprise de son ami alors même que la note de risque est identique, et de surcroît c'est un investissement fait par son ami. A préciser de plus, que ces deux amis ont toujours refusé des investissements sur les marchés financiers auprès de leur établissement bancaire, car ils ne veulent prendre aucun risque.

Prenons un deuxième exemple pour illustrer cette notion de risque. Imaginons que vous êtes au bord d'une route les yeux bandés, et je vous demande de traverser : la réponse ne se fera pas attendre ce sera un refus en invoquant le risque inconsidéré que cela peut avoir. A cela, je vous repose la question, à savoir si vous trouvez que ce fait de traverser la rue est risqué ? Vous me répondez par l'affirmative. Dès lors, je vous retire le bandeau sur les yeux et je vous redemande de bien vouloir traverser. Soudainement, le fait de traverser la rue n'est plus risqué ? Ma question est donc la suivante : Est-ce risqué de traverser la rue ? Difficile de répondre. Ce qui a changé entre la première demande et la seconde est votre capacité d'analyse et de visibilité pour pouvoir traverser. La notion de risque est donc bien subjective est indéfinissable. Le risque n'existerait donc pas ?

Essayons de continuer notre analyse sur le risque et regardons la définition du risque sur le Larousse. En effet, si je considère que le risque n'existe pas je ne devrais trouver aucune définition sur le dictionnaire. Il y en a bien une mais regardons ensemble ce qu'elle nous dit : « Possibilité, probabilité d'un fait d'un évènement considéré comme un mal ou un dommage » Et voilà tout est dit, tout est une histoire de considération, personne ne peut exprimer clairement ce qu'est le risque tout dépend de chacun d'entre nous mais surtout de la connaissance, de la compréhension et de la visibilité d'un évènement, c'est ce que dit cette définition.

A ce niveau, je dois donc me poser des questions, savoir et comprendre la psychologie des investisseurs. Après analyse auprès de nombreux clients, j'ai compris ce que vous recherchiez, ou plutôt compris vos décisions d'investissement, et surtout pourquoi vous privilégiez tels ou tels placements. Vous m'avez, en grande majorité, expliqué que cela ne vous dérangeait pas d'investir votre argent dans une action d'une entreprise, à condition de connaître cette entreprise, ou d'y avoir travaillé. D'une certaine façon, vous connaissez l'entreprise donc pour vous le risque est moindre. En résumé, il faut donc associer la notion de risque à la connaissance et à la compréhension.

En effet, il n'y a aucun problème pour investir dans des supports risqués à partir du moment où nous avons une visibilité et une compréhension du plan d'action décidé par la gouvernance de chaque entreprise.

L'idée est donc simple, vous investirez et vous nous suivrez à partir du moment où nous réussirons à vous donner de la visibilité et à vous faire comprendre la stratégie proposée.

Mais comment vous expliquer un marché financier alors que nous ne sommes pas toujours à l'aise sur le sujet.

Et comment vous faire rêver sur un sujet qui a fait perdre beaucoup d'argent à bon nombre d'investisseurs.

En effet, avant tout investissement et avant toute explication du placement que nous souhaitons vous proposer, il me paraît important de vous expliquer le fonctionnement des marchés financiers.

Alors dans ce contexte, qu'est-ce qu'un marché financier ?

Un marché financier est une place ou se négocie des titres d'entreprises, actions ou obligations, et leur évolution est sujette aux différents échanges entre investisseurs.

Je vous l'accorde ce n'est pas si simple. Et malheureusement, un grand nombre d'entre nous, conseillers financiers, gestionnaires de patrimoine ou autres se contentent de vous expliquer les marchés de cette façon. Cette définition est une réalité mais pas forcément compréhensible par tous. Il faut donc essayer de trouver une image, une métaphore qui explique le plus simplement possible le fonctionnement de ces marchés.

Essayons donc autrement.

Je vous donne rendez-vous demain matin à 9h à l'aéroport Charles De Gaulle pour un voyage « surprise », je vous laisse la soirée pour préparer votre valise.

Rien d'autre, aucune autre information ...

Nous ne connaissons pas le lieu de la destination.

Nous ne connaissons pas le temps qu'il fera.

Nous ne connaissons pas le temps de vol.

Nous ne savons pas où nous serons hébergés : Camping, hôtel 5 étoiles ou moins, à la belle étoile sous une tente ...

Nous ne connaissons pas la durée du séjour.

Certains, voire beaucoup d'entre vous ne partiront pas, par manque de visibilité et surtout, de ne pas savoir quoi prendre avec soi. Et pourtant, on aimerait bien y aller mais comment faire pour partir sereinement ?

L'inconnu fait peur. On ne sait rien donc on ne fait rien, il faut donner de la visibilité et de la compréhension. Donner des détails plus précis de ce voyage. Certains voudront même le nom de la compagnie aérienne. Naturellement, nous serions tous plus disposés à prendre part à ce voyage si nous avions le maximum de renseignements, tant sur les modalités de voyage, que sur la nature de l'hébergement.

Ce que je viens de citer sur ce voyage n'est ni plus ni moins que la définition compréhensible par tous d'un marché financier. En effet, un marché financier est un voyage en terre inconnue, un marché financier est simplement toutes les inconnues contenues dans ce voyage.

Lorsque nous prenons une décision d'investissement, nous ne savons pas à l'avance ce qu'il va se passer. Tout va dépendre des conditions de marchés au moment de notre décision. C'est précisément cela qui vous retient d'investir. Vous ne savez pas à l'avance dans quelle direction vont se diriger les marchés. Donc dans la majorité des cas, vous vous abstenez.

Voilà simplement ce qu'est un marché financier.

Le client ou le voyageur dans cet exemple a besoin de nous pour préparer sa valise. Tout réside dans cette valise, et la sérénité de ce voyage va dépendre de la façon dont nous allons nous y prendre pour préparer avec vous vos bagages.

La valise est la solution pour un voyage plus serein.

Donc en bref, afin de partir plus sereinement que devons-nous prendre dans la valise ?

Cette question n'est pas si simple et la réponse assez complexe. Dans le cas où nous ne savons absolument pas où nous nous rendons, nous aurons énormément de difficultés à faire nos bagages. La solution est d'autant plus simple et claire : On ne sait rien du voyage donc il faut prendre de tout.

Qu'il pleuve, qu'il vente, qu'il neige, qu'il fasse beau, tout est prévu dans la valise.

Nous le faisons d'ailleurs naturellement, et l'exemple le plus courant est lorsque nous partons en vacances avec des enfants en bas âge dans un pays étranger. En effet, en plus des bagages traditionnels, nous avons toujours avec nous un Vanity Case ou nous y mettons un tas de médicaments afin de prévoir toutes les maladies imaginables. Cela nous rassure, donc nous partons sereinement.

Concrètement, et pour revenir à la préparation de notre valise, nous prendrons bien soin de penser à tout : un pull et un t-shirt, des tongs et des bottes, un parapluie et une casquette, bref, vous l'avez compris, il faut penser à tout ce qu'il peut se passer sur place et envisager les cas les plus défavorables.

Le parallèle avec les investissements financiers est donc maintenant plus lisible, plus vous allez diversifier votre épargne et moins vous allez prendre de risque ou en tout état de cause vous vous serez couverts contre les différents aléas que vous pourrez rencontrer sur le lieu de votre voyage, et plus particulièrement vous vous parerez des risques éventuels des marchés financiers. En clair, vous diluerez votre risque.

Cette première stratégie s'appelle en investissement la diversification.

La diversification est une stratégie efficace et payante si nous prenons en considération les dires d'un investisseur réputé aux Etats Unis : Warren Buffet.

« La diversification sert à protéger de l'ignorance, si nous ne voulons pas avoir de mauvaises surprises, il faut acheter tout le marché »

Si nous analysons cette phrase, elle peut paraitre inabordable pour le commun des mortels, car certes Warren Buffet avait quelques milliards d'avance.

Mais ce qu'il faut retenir c'est la méthode et la stratégie.

La diversification sert à protéger de l'ignorance : En effet, nous ne savons pas où nous partons en voyage, mieux vaut tout prévoir afin d'éviter d'être pris de cours et ne pas avoir de mauvaises surprises. Certains répondront d'ailleurs, qu'il suffit d'avoir une carte bleue et acheter sur place ce qu'il nous manque ou ce que l'on a oublié. Ça se tient … Avez-vous déjà acheté un maillot de bain dans une station balnéaire ? Vous êtes-vous déjà équipé pour faire du ski dans une station de sports d'hiver ? Certainement ... Après coup, vous vous dîtes que plus jamais vous n'oublierez des choses la prochaine fois. En effet, cela s'achète certes, mais à un coup largement supérieur à ce que vous auriez eu si vous aviez prévu le coup à l'avance. Cela se compare sur les marchés financiers à acheter au plus haut ...

Il faut acheter tout le marché : Tous les établissements financiers aujourd'hui proposent des fonds à leurs clients qui leur permettent d'acheter tout le marché avec peu d'avoir.

Cette image vous a déjà peut-être convaincu mais ce n'est pas suffisant et pas tout à fait satisfaisant.

Maintenant vous êtes dans l'avion, bien installés, et hôtesses de l'air, et Stewart vous reçoivent en affichant un large sourire. Exactement le même accueil que vous pouvez avoir en agence bancaire lorsque vous avez accepté d'investir sur des fonds suite aux conseils apportés par votre gestionnaire de patrimoine. Il a le sourire.

Rappelez-vous toutefois ce qu'est un voyage en avion.

Un voyage en avion n'est pas de tout repos. En effet, nous avons systématiquement des perturbations, des turbulences, des trous d'air.

Quand on parle de perturbations, de turbulences ou de trous d'air, on ne peut s'empêcher de faire le lien avec les marchés financiers.

Oui vous le savez bien mieux que moi, les évolutions boursières peuvent être très désagréables à supporter surtout lorsque c'est la première fois mais pas seulement. Vous avez certainement déjà pris l'avion une première fois et le voyage a été chahuté, donc vous appréhendez celui-ci et les suivants. Cette image est complètement transposable avec les marchés financiers. Soit c'est la première fois, et vous redoutez une forte perte de vos avoirs, soit c'est une nouvelle expérience et vous êtes d'autant plus inquiets car vous connaissez les différents aléas d'un voyage en avion. Vous êtes, de ce fait, plus méfiants.

Une question se pose alors. Pourquoi nous agissons différemment, pourquoi notre comportement est différent face à une situation quasi identique ?

Vous reprenez l'avion alors que vous avez eu une mauvaise expérience mais vous restez très réfractaire à un nouvel investissement en bourse. Ne me dites pas que vous accordez plus d'importance à votre argent qu'à votre vie ?

Quelles sont donc les attitudes à avoir lors de ces perturbations ?

Que ce soit dans un avion ou sur les marchés financiers, nous devons avoir la même attitude et le même comportement. Pourtant, il est clairement établi que nous agissons complètement différemment. Pour les investisseurs aguerris, les comportements sont plus mesurés et réfléchis, et c'est tout à fait normal car ils ont une expérience et un savoir-faire. Agir différemment pour ces deux cas de figure n'est toutefois pas si simple. En effet, de nombreuses solutions s'offrent à nous dans le cadre d'un investissement alors que dans un avion le choix est plus que restreint. En revanche, la bonne attitude à avoir en matière d'épargne financière ou de placements financiers est celle que nous avons tous dans un avion en période de turbulences.

Prenons un exemple simple. Avons-nous idée de sauter par-dessus bord lorsqu'il y a des trous d'air ?

Bien évidemment la réponse est unique et négative. Pourtant c'est exactement ce que nous faisons lorsque les marchés baissent. Nous vendons. Pourquoi sortir des marchés lorsque celui-ci est chahuté et perturbé ?

Bien au contraire lors d'un voyage en avion, nous restons calmes et essayons de nous détendre en attachant notre ceinture de sécurité.

En effet, même avec beaucoup de douleur, nous sommes surs que l'avion va atterrir. Dois-je vous rappeler que l'avion reste le moyen de transport le plus sûr au monde ?

Warren BUFFET nous confirme d'ailleurs cela sur les marchés financiers. Il nous dit clairement que les marchés financiers sont les marchés les plus sécures au monde. Bien évidemment en prenant en considération beaucoup de paramètres, notamment la durée d'investissement, les projets des investisseurs et autre stratégie que je développerai un peu plus loin.

Pourtant nous entendons régulièrement via les médias qu'un avion est tombé. Et de la même façon, nous entendons régulièrement, via les médias que la bourse chute.

Sachez une chose concernant les médias, que ce soit le journal télévisé ou la presse spécialisée. Vous-êtes-vous déjà posé la question sur le type d'informations qui est diffusé sur ces médias ?

Je me suis posé cette question et j'ai essayé de trouver une réponse logique. J'ai tenté de réfléchir et d'analyser les différentes informations entendues.

Au départ et sans analyse particulière, je me suis dit que ces médias diffusaient uniquement de mauvaises nouvelles car ce sont elles qui font le plus vendre. Mais surtout car cela provoque du sensationnel. Mais avec du recul, j'ai pris conscience que ce n'étaient pas que des mauvaises nouvelles, il pouvait aussi en avoir de bonnes. Alors j'en ai conclu que les évènements traités par la presse ne pouvaient être que des évènements exceptionnels, des évènements anormaux.

Réfléchissez à cela et vous comprendrez ...

Quelques exemples pour illustrer cette analyse :

En 1998, la France est devenue championne du monde de Football, évènement exceptionnel, cela n'était jamais arrivé dans l'histoire du football et c'est ce qui nous a valu notre première étoile sur le maillot de l'équipe de France. C'est en effet une excellente nouvelle mais surtout un évènement exceptionnel …

Chaque année, il y a des crashs d'avions : c'est aussi un évènement exceptionnel car l'avion est conçu pour atterrir correctement et sans encombre ce qui lui a permis d'être classé comme le moyen de transport le plus sûr au monde. Imaginez un seul instant que chaque jour pendant les journaux télévisés, nous voyons et lisons un prompteur avec tous les avions qui ont bien atterri ? Cela n'aurait aucun sens puisque c'est la normalité.

Régulièrement et à de nombreuses reprises, nous entendons que la bourse chute : nous pouvons considérer au vu de l'évolution positive depuis sa création que c'est un évènement exceptionnel.

Je vais développer ce dernier point car il faut être précis sur mes propos.

En effet, pourquoi lorsque la bourse chute, je considère que c'est un évènement exceptionnel ?

Simplement car le fonctionnement des marchés financiers est le suivant : les marchés financiers évoluent en fonction du prix d'une action d'une entreprise. Si le prix de cette action est à zéro, cela signifie que l'entreprise n'existe plus. En conséquence, si nous considérons que la bourse ne cesse de chuter, nous misons sur le dépôt de bilan de toutes les entreprises dans le monde et cela reviendrait à un retour à une économie de troc. Pensez-vous sincèrement et en toute objectivité que nous pourrons revenir à cette économie ? Personnellement je n'y crois pas un seul instant, et d'ailleurs tous les responsables politiques de la planète font en sorte de soutenir les entreprises pour différentes raisons.

Voilà pourquoi il est important d'avoir en tête que le fonctionnement normal d'un marché financier est la hausse. Il faut toutefois bien assimiler le fait que les marchés financiers ne sont pas de tout repos. En effet, il peut y avoir des baisses ponctuelles dues à des évènements externes, tels que des évènements politiques ou géopolitiques mais cela reste cependant éphémère, car avant tout une action évolue en fonction du plan de croissance et développement d'une entreprise.

Admettons maintenant que cette démonstration ne vous convainc pas encore et ne suffise pas à vous donner visibilité et compréhension.

Répondons alors à la question suivante qui peut être choquante et incompréhensible de prime abord : peut-on gagner de l'argent quand les marchés chutent ?

A priori la réponse est simple. Nous ne pouvons pas gagner de l'argent quand les marchés baissent, et pour cause, nous avons investi à une valeur et cette valeur est en baisse.

Il faut donc réfléchir à une deuxième stratégie, en plus de celle de la diversification expliquée plus haut, qui permettra d'être couvert en cas de chute des marchés. En plus de préparer correctement votre valise en y insérant tout type de vêtements pour faire face aux intempéries (la diversification) Il ne faut pas oublier de mettre la ceinture de sécurité lorsqu'il y a des perturbations et des turbulences dans l'avion.

Lorsque vous prenez la décision d'investir, vous ne vous posez jamais la question de savoir comment vous devez positionner vos avoirs. Vous investissez la quasi intégralité de vos avoirs disponibles d'un seul coup, ce qui s'appelle dans notre jargon un investissement one shot.

Est-ce réellement une bonne stratégie ?

Cette stratégie ne se compare-t-elle pas à un pari ?

Un pari est très souvent, voire majoritairement perdant.

Nous pouvons avoir de la chance, mais combien d'entre nous ont de la chance ?

On ne peut pas compter sur notre chance pour investir notre argent que nous avons tous sué pour le gagner. Il y a un terme qu'il faut bannir de notre vocabulaire c'est : « je joue en bourse »

<u>La bourse est tout sauf un jeu ;</u> c'est avant tout un investissement qui doit être réfléchi avec une stratégie bien définie. Bien

évidemment, vous pouvez prévoir une partie de vos avoirs pour « jouer en bourse » mais vous avez en tête ce jeu et donc vous ne serez pas déçu si vous perdez ces avoirs. Cela peut être un plaisir et une montée d'adrénaline agréable en fonction de votre personnalité.

Prenons un exemple de pari notamment dans le cercle des courses de chevaux.

Vous avez un tuyau, en général percé, comme sur les marchés financiers. On vous dit de parier sur un cheval qui a toutes ses chances de gagner la course, c'est un favori et il est en très grande forme. Votre contact vous suggère d'investir 100€ sur ce cheval qui a de très fortes probabilités de remporter la course.

Vous suivez son conseil et investissez l'intégralité de cette somme sur ce cheval après avoir vérifié au préalable la qualité de ce conseil. Vous allez même lire la presse spécialisée qui vous confirme que ce cheval est le favori dans la course. En effet sa côte est très basse et il est donc donné largement vainqueur.

La course démarre et après quelques minutes le cheval s'emballe et galope alors que c'est une course au trot.

Vous avez perdu 100€.

Si vous aviez réfléchi à une stratégie, en prenant en compte les conseils de votre contact. En effet, sur les 100€, si vous aviez misé 50€ sur ce cheval et que vous aviez réparti les 50 autres euros sur 5 autres chevaux à raison de 10€ par cheval, vous auriez dilué votre risque. De ce fait, vous ne preniez plus de paris mais auriez misé intelligemment.

Je m'explique et revenons à cette même course, le cheval galope dans une course au trot, il est donc disqualifié, mais vous avez assuré vos arrières et le cheval gagnant est un cheval sur lequel vous aviez misé 10€. Ce cheval plutôt outsider côté 10 contre 1 vous rapporte de l'argent et donc un gain …

Vous gagnez et vous rattrapez la perte de votre investissement sur le favori. C'est le concept de la diversification et donc cela vous a permis de diluer votre risque.

Si nous faisons le parallèle avec les marchés financiers sur lesquels vous avez aussi des tuyaux voire des conseils d'investissement sur une action d'une entreprise, et bien la stratégie à adopter doit être identique, c'est-à-dire prendre en compte les conseils de votre informateur mais ne pas tout miser sur cette même action car vous n'aurez aucun moyen de rattraper votre perte.

Revenons maintenant à notre ceinture de sécurité qui nous permettra en plus du concept de diversification cité plus haut de réduire encore plus votre risque d'investissement.

A l'inverse d'un investissement one shot, il faut privilégier un investissement pas à pas, car comme tout le monde le sait, aucun conseiller en investissement n'a une boule de cristal sur son bureau. Il peut avoir des convictions et des statistiques de marchés pouvant lui permettre de faire des propositions adaptées à la conjoncture économique mais rien n'est certain. Bien malin est celui qui assurera avec cœur, conviction et certitude que le placement proposé rapportera à son client telle performance. Nous reparlerons plus loin du sujet de la performance des investissements, cela ne doit pas être votre déclencheur d'achat. Vous le savez, les performances passées ne préjugent pas des performances futures. En clair et simplement, ce n'est pas parce qu'un placement a bien fonctionné pendant une période donnée que ce placement va continuer de performer dans les mêmes proportions à l'infini.

Il faut donc partir sur tous les scénarii possibles en mettant même en avant le scénario le plus défavorable.

Comment faire ?

Partir de votre constat et établir une stratégie en fonction de votre vision des choses. Vous avez toujours raison et vous avez certainement de bonnes raisons pour penser ce que vous pensez. Chaque individu dans ce monde a le droit d'avoir un point de vue et aller à son encontre reviendrait à imposer le sien, c'est une dictature. Respectons le point de vue de chacun et allons dans son sens. Notre objectif est de démontrer que, même dans un scénario négatif, nous avons des solutions de placements pouvant vous faire gagner de l'argent.

Vous exposez donc votre point de vue et il en ressort très clairement une aversion complète au risque et un point de vue très négatif sur les marchés financiers.

Allons donc dans votre sens et essayons de trouver ensemble une solution adaptée à votre analyse des marchés ...

« Si je comprends bien, vous estimez que les marchés vont baisser pendant une période assez longue et vous pensez que cela ne sert à rien d'investir aujourd'hui car vous allez perdre votre argent ? »

« Parfait, je comprends totalement votre point de vue et en effet au vu de la situation économique, pas forcément très claire pour tout le monde, ce n'est pas simple d'investir dans ce contexte. Très bien. Pendant combien de temps pensez-vous que les marchés vont baisser ? »

Dans 99% des cas, vous mettez en avant une durée allant de 2 ans à 3 ans.

Nous vous demandons par la suite ce que vous pensez du devenir des marchés la troisième ou quatrième année. Logiquement vous nous apportez une réponse qui peut être déstabilisante pour votre conseiller et un peu gênante si nous ne connaissons pas la stratégie.

En effet, vous nous dites que les marchés vont certes remonter mais pas au niveau d'aujourd'hui et que par conséquent cela ne sert à rien d'investir pendant cette période, de laisser immobiliser son argent pendant 3 ans et se voir perdre une partie du capital.

Voici la démonstration de la stratégie de la ceinture de sécurité : l'épargne programmée …

Si nous investissons ce jour à une valeur de part à 10€.

Nous faisons perdre les marchés de 30% en un an, ce scénario est assez défavorable ? En général, vous répondez que c'est beaucoup mais acceptez le scénario.

Très bien, donc la valeur de votre part est désormais à 7€.

Faisons encore baisser les marchés de 30% l'année suivante, la valeur est donc à 5€. En clair, nous avons fait baisser les marchés de 50% en deux ans …

La troisième année, les marchés reprennent d'après votre scénario mais la valeur n'est pas remontée à la valeur initiale. Prenons donc une valeur à 8€.

Vous avez donc raison, si vous investissez aujourd'hui à 10€, votre capital a perdu 20%

en 3 ans puisque la nouvelle valeur est à 8€, ce qui n'était pas votre objectif initial.

Je suis maintenant prêt à vous démontrer qu'en investissant différemment nous pouvons être gagnant en gardant ce même scénario :

Plutôt d'investir tout votre capital aujourd'hui à 10€, investissez progressivement sur les marchés, ce qui permet d'assumer et d'assurer les aléas de la bourse.

En effet, vous investissez à toutes les valeurs chaque année. Vous investissez un tiers de la somme à 10€, un tiers à 7€ et un dernier tiers à 5€.

Il s'agit maintenant de vous expliquer comment se calcule une plus-value lorsque nous investissons à différents cours.

Allez un peu de mathématiques, mais je vous rassure ce sont des calculs très simples. Nous calculons la plus-value d'un investissement programmé en faisant une moyenne de tous les cours d'achat. Dans ce cas précis, nous avons investi trois fois à trois cours différents. Faisons le calcul simplement :

10+7+5 = 22.

22/3=7,3

Le nouveau prix d'achat global de cet investissement est donc passé de 10€ à 7,3€. Nous avons simplement fait la moyenne des cours. C'est de surcroît le calcul légal et officiel pour déterminer un montant de plus-value.

Je vous rappelle que la valeur de notre part de fonds à 3 ans est de 8€, vous réalisez donc une plus-value de 0,7€ soit 10% dans un scénario négatif que vous nous avez décrit.

A la question posée un peu plus haut : Peut-on gagner de l'argent quand les marchés baissent ? La réponse est donc oui on peut gagner de l'argent quand les marchés baissent.

Parlons maintenant de la posture que le conseiller doit avoir auprès de vous. En effet, la majorité des conseillers mettent en avant très souvent la performance des fonds proposés afin de vendre plus vite. C'est aussi une demande pressante de votre part. C'est une erreur. Il ne faut plus mettre en avant la performance et il ne faut pas s'attacher aux résultats passés. Cela reviendrait à dire que vous prendriez la décision d'investir uniquement parce que ce fonds a bien performé dans le passé. Il y a de très fortes probabilités pour que vous soyez à nouveau déçu et ayez le sentiment d'avoir été berné une fois de plus par votre conseiller. Or il n'a fait que répondre à votre demande, à savoir investir sur les fonds les plus performants.

Il faut plutôt adopter une stratégie, cette stratégie développée dans ce recueil afin de vous donner plus de visibilité sur notre savoir-faire plutôt que de mettre en exergue la performance passée.

Je souhaite vous rappeler que ce qui est passé est passé, et qu'il importe que vous investissiez dans le futur. Vous investissez pour que vos placements performent dans les années à venir …

Que faut-il donc mettre en avant afin de finaliser la vente, pour qu'elle soit parfaite et sans accroc et surtout sans risque de réclamations par la suite ?

Avant de prendre votre décision d'investissement sur des fonds, vous êtes nombreux à regarder et ce, de plus en plus fréquemment la note SRRI des placements proposés, la note de risque.

Il faut donc maintenant vous démontrer que ce n'est pas parce que vous investissez sur des placements plus risqués que la note de risque globale de votre portefeuille va augmenter significativement.

En effet, il faut impérativement que vous compreniez l'importance de l'évolution de votre capital global plutôt que d'analyser ligne par ligne les placements faits sur votre compte.

Tout d'abord analysons la composition d'un fonds général, plus communément appelé fonds en €, dans le cadre d'un investissement en assurance vie.

Le fonds en € doit légalement être investi sur différents supports et notamment sur des obligations, des actions et sur des supports immobiliers à peu près réparti comme suit :

- 80% environ sur des obligations d'état à 10 ans
- 10% en titres d'entreprises
- 10% en immobilier

Si nous devons mettre une note de risque sur cette répartition, elle serait de 2 sur une échelle allant de 1 à 7.

J'attire toutefois votre attention, sur le fait qu'il n'existe pas de note de risque pour un fonds en € car il est garanti par l'établissement financier émetteur. Le risque réside sur la solidité financière de la compagnie d'assurance et donc sur ses capitaux propres.

Le capital n'est donc pas garanti si l'établissement fait défaut et dépose son bilan.

Il est donc primordial de bien choisir sa compagnie d'assurance en fonction de sa solidité financière et non pas sur la performance du fonds en € mis en avant. En effet, de nombreuses compagnies d'assurance servent une forte rémunération parfois au détriment des réserves obligatoires imposées par la réglementation. Aujourd'hui, la politique monétaire de la Banque Centrale Européenne est très accommodante avec des taux directeurs obligataires à 0%. L'obligation des compagnies d'assurance d'investir sur des supports obligataires d'état à 10 ans dont les taux sont à 0 devient de plus en plus problématique pour la rémunération des fonds en €. En conséquence, les établissements financiers sont donc contraints de puiser dans leurs réserves afin d'afficher des taux de rémunération attractifs. Mais encore pour combien de temps ? Tout dépend de leurs réserves constituées.

Certains d'entre vous pensent que les taux vont forcément remonter un jour, vous n'avez pas tort, sauf que les compagnies d'assurance auront dans leurs portefeuilles des obligations d'état offrant une rémunération à 0 et ce pendant toute la durée de l'obligation. Ce n'est donc pas demain la veille que le taux de rémunération de cette épargne va remonter.

Revenons maintenant sur la note de risque globale du portefeuille.

Si l'investisseur prend la décision d'investir seulement 30% sur des unités de compte, de surcroit en fonds actions purs, avec une note de risque de 6, la globalité du portefeuille aura une note de risque de 3 !

Et oui c'est réel, c'est la combinaison d'un investissement à 70% en fonds en € et 30% en unités de compte, qui fait de la note globale, une note très basse.

Donc, nous démontrons par cette simulation, que l'investisseur ne prend pas plus de risque en se dirigeant sur une épargne différente, et offre par conséquent un potentiel de performance bien plus élevée à son épargne réglementée.

En conclusion, au-delà de la performance, certes attendue par les investisseurs, la stratégie reste un élément essentiel dans la réussite des placements. Il faut juste que vous compreniez bien la stratégie afin de maintenir votre épargne jusqu'au terme de votre objectif. Il faut donc être clair dans notre discours et dans la façon de démontrer son argumentation basée sur les scénarii les plus défavorables. Si vous êtes convaincus de cette méthode dans un scénario défavorable, alors bien évidemment, si les marchés sont bien orientés vous n'en serez d'autant plus satisfaits et vous continuerez à faire confiance à votre établissement bancaire ainsi qu'à vos conseillers.

J'espère vous avoir donné plus de visibilité et de compréhension sur les marchés financiers et vous avez compris que le plus important dans un investissement c'est avant tout la stratégie et la méthode d'investissement. Bien plus que les performances passées réalisées par les gérants.

## IV

## L'IMAGE DU VOYAGE EN AVION

Avant de conclure, j'aimerais partager avec vous le moment ou m'est venue l'idée décalée de présenter les marches financiers. Décalée car comparer les marchés boursiers avec un voyage en avion n'est pas forcément naturel.

Afin d'être le plus concis possible, voici comment est née cette idée dans mon esprit et comment je l'ai testée la première fois avec beaucoup d'appréhensions devant un auditoire de conseillers a priori affutés sur les marchés financiers.

Cela s'est passé lorsque j'ai accepté une nouvelle mission au sein de la banque, et cela faisait suite à une création de poste. Personnellement, j'apprécie énormément ce type de mission car dans le cadre d'une création de poste, nous avons cette possibilité de montrer nos particularités et de ce fait faire du poste, ce que l'on souhaite. L'avantage est qu'il n'y a aucun moyen de comparaison avec un prédécesseur quelconque. Cela nous permet d'être plus créatif et d'avoir carte blanche sur notre façon d'aborder les choses.

Donc lors de ma prise de poste, j'ai rencontré l'intégralité des managers des différentes agences d'ile de France et après analyse, j'ai pris conscience que la majorité des conseillers ont d'énormes freins sur les marchés financiers. Il fallait donc, impérativement, que je trouve une solution pour leur montrer que l'épargne financière est un sujet certes délicat mais que nous pouvons le rendre agréable auprès des clients. Mais pas seulement. Il fallait aussi le rendre plus attractif pour les conseillers. C'est bien connu que lorsque nous sommes convaincus du bien-fondé d'une méthode, nous avons plus de facilité à la répercuter et à la démontrer.

J'ai donc passé de longs moments à réfléchir et à essayer de trouver des images ludiques qui pourraient être comparées à la bourse.

Et de là m'est venue cette idée, je m'en souviens encore. Il était 3h du matin et je me suis levé en pleine nuit pour écrire mon idée. Je l'ai donc mise sur papier et je me suis placé devant un miroir afin de savoir comment fallait-il que j'amène cette présentation devant un auditoire.

J'ai testé plusieurs méthodes et je suis arrivé à finaliser mon discours pour qu'il soit plus fluide et compréhensible. J'ai donc banni tous les mots techniques et je me suis lancé. Il était 7h du matin. Il fallait maintenant me préparer pour me rendre au travail.

A mon arrivée au bureau, je contacte quelques responsables pour leur parler de mon projet sans leur en dévoiler le contenu et l'un d'entre eux me fait confiance et me propose une date d'intervention devant 20 conseillers.

Cette intervention a été largement appréciée et cela m'a motivé pour déployer cette formation auprès de tout le réseau d'agences en Ile de France.

La mayonnaise a pris très rapidement et j'ai eu très vite l'adhésion de tous et surtout le soutien de la Direction Régionale.

Lorsque j'ai pris ce poste en 2014, les résultats de la Direction Régionale étaient au plus bas. Aujourd'hui, la Région Ile de France est la première Région de France de la banque en épargne diversifiée.

Cela a pu être possible grâce avant tout à l'investissement de la Direction Régionale mais aussi des managers de proximité qui m'ont fait confiance. Les conseillers se sont sentis de plus en plus à l'aise pour aborder l'épargne financière avec leurs clients et les résultats ne se sont pas fait attendre.

Je ne dis pas, bien entendu, que cette façon de présenter les choses est l'unique raison de cette réussite, car au-delà de cela, nous avons des marchés financiers qui étaient plutôt porteurs. Ceci étant, et l'histoire le démontre, la collecte a dépassé nos attentes et les clients sont de plus en plus satisfaits.

Et pour preuve, je suis d'ailleurs le seul à le faire, j'anime régulièrement des conférences auprès des clients et les responsables des agences me remontent que c'est la première fois que leurs clients arrivent à enfin comprendre comment fonctionnent les marchés financiers.

Des retours très positifs me sont aussi faits sur la méthode de présentation qui peut paraître un peu abrupte de prime abord.

En effet, toute la présentation se fait sans document, et l'intonation de la voix est un peu sèche. L'idée étant de sortir les conseillers de leur zone de confort. Au départ, ils se sentent bousculés et agressés, mais au terme de la présentation, ils apprécient grandement cette méthode, qui leur fait comprendre de nombreuses choses sur le ressenti de leurs clients.

# V

# ATTERRISSAGE : ARRIVEE A BON PORT

Ce recueil a été réalisé afin d'expliquer simplement le fonctionnement des marchés financiers et pour donner plus de visibilité sur les innombrables méthodes existantes. Ceci afin de vous donner les bons moyens pour réussir à tous les coups.

Bien entendu, de la même façon que le monde ne s'est pas créé en un jour, il faut donner du temps à son épargne pour la faire fructifier. Il faut donc avoir du temps devant soi et surtout il ne faut pas perdre de vue l'objectif à atteindre.

Cet objectif peut être multiple : Il peut y avoir un objectif de performance, un objectif personnel (préparer sa retraite, éducation des enfants, acquérir un bien immobilier …).

Il est essentiel de garder le cap et de ne jamais perdre de vue l'objectif que l'on s'est fixé.

De la même façon que lorsque nous montons dans un avion, l'objectif est d'arriver à destination et en aucun cas, nous pouvons faire demi-tour ou sauter de l'avion en marche.

Il peut y a voir des perturbations, des turbulences, des trous d'air, mais je vous le rappelle, l'avion reste le moyen de transport le plus sûr au monde. Et ce n'est pas parce que nous entendons régulièrement qu'il y a un crash que nous décidons de ne plus prendre l'avion.

L'épargne financière, vous l'avez compris peut sans aucun doute être comparée à ce fantastique voyage et c'est exactement le même concept ...

Alors n'hésitez plus, et n'ayez plus d'appréhension, si vous suivez une stratégie bien déterminée au départ et que vous vous y tenez, vous mettez toutes les chances de votre côté pour atteindre l'objectif que vous vous êtes fixé. Mais attention, ne soyez pas trop gourmand non plus, il faut savoir s'arrêter et prendre ses bénéfices car dans le cas inverse, vous serez à chaque fois perdant. Et c'est certainement la décision la plus difficile à prendre. En effet, pourquoi couper ses positions alors que les placements effectués ne cessent de monter. Même exemple lorsque l'on se retrouve devant une machine à sous dans un casino. La machine ne cesse de payer, nous pensons que nous avons la baraka, nous continuons à jouer et à la fin de la soirée, le seul gagnant, c'est le casino ...

# VI

## QUELQUES EVENEMENTS : EXPLICATIONS

Voici quelques anecdotes passées qui ont eu des conséquences, positives ou négatives, sur les marchés financiers.

J'ai décidé de vous narrer trois évènements majeurs qui sont intervenus entre 2015 et 2017 :

- Le BREXIT
- La politique monétaire de la BCE
- La politique de Donald TRUMP : Une politique très particulière

Toujours dans le souci de vous donner de la visibilité et de la compréhension sur les évolutions boursières, il me paraissait intéressant de rajouter une dernière partie dans cet ouvrage et de mettre en lumière certains évènements survenus sur les marchés. J'essaierai de vous expliquer simplement les raisons des hausses ou des baisses des marchés en fonction des cas traités.

## Le BREXIT : Qu'est-ce que le BREXIT ?

Vous avez certainement entendu à maintes reprises ce terme anglo-saxon qui veut dire sortie de l'Angleterre de la zone euro. C'est la simple contraction de deux mots : Britain et Exit. En effet, ce terme est à rapprocher de la sortie de la Grande Bretagne de la zone Euro. Inutile de vous dire que cela a eu des effets sur l'évolution des marchés et qui a, pendant un certain temps, provoqué énormément d'incertitudes de la part de nos politiques. Et bien évidemment, de la part des investisseurs, qui ont vu en cette sortie une catastrophe pour l'Europe.

Que s'est-il passé finalement lors de cet épisode ?

Le 23 juin 2016 a eu lieu un référendum en Angleterre demandant aux citoyens de se prononcer sur le maintien, ou non, de leur pays dans la zone euro. Beaucoup de spéculations ont eu lieu qui ont chahuté les marchés financiers, autant à la hausse qu'à la baisse. Le lendemain matin, tous les européens apprennent avec stupeur que les Anglais avaient décidé de se retirer de l'Europe !

Suite à cette décision, les marchés ont dévissé...

Mais pas si longtemps que cela. Il n'a fallu qu'une petite semaine pour que le niveau de l'Eurostoxx 50 retrouve sa valeur d'avant le référendum. Alors pourquoi finalement les investisseurs ont-ils repris rapidement confiance dans les marchés alors qu'un pays décide de quitter une communauté mis en place depuis de très nombreuses années. Cela est très simple et nous pouvons apporter deux raisons majeures à cela. La première, c'est la politique monétaire de la banque centrale européenne très accommodante et qui permet le soutien aux entreprises européennes. Les fondamentaux et les résultats de ces entreprises sont donc excellents et il n'y a aucune raison valable pour ne pas investir dans celles-ci. Rappelons que ces entreprises avaient pour politique interne de distribuer de gros dividendes, d'une part, pour attirer de nouveaux investisseurs mais d'autre part, car elles ont signé de gros contrats qui ont alimenté leurs carnets de commandes pendant au moins une décennie. Prenons l'exemple d'Airbus, de Dassault et des chantiers navals ...

Airbus a vendu plus de 100 avions au détriment de Boeing, Dassault a vendu des vingtaines de rafales a plusieurs pays et enfin les chantiers navals ont signé de très gros contrats pour la construction de nouveaux bateaux. Pourquoi ces entreprises ont réussi à prendre ces parts de marchés au détriment d'autres entreprises non européennes ? La raison est simple c'est la politique de Mario DRAGHI, patron de la BCE (Banque Centrale Européenne), qui a fait en sorte de dévaluer l'Euro par rapport au Dollar afin d'être plus compétitif face à notre concurrent outre atlantique. Donc il est clairement établi que les carnets de commandes se sont très vite remplis. A ce moment-là, les citoyens européens ne voyaient aucune amélioration dans la situation économique en Europe, alors même que ces informations ont été données avec beaucoup d'espoir. Cette sensation de ne rien voir n'est pas une simple sensation, c'est une réalité. Les avions, les rafales, les bateaux ne sont pas entreposés dans un hangar prêt à être livrés. Il faut les construire ... Et donc à ce titre, les entreprises n'ont pas encore renoué avec les bénéfices et n'ont pas encore encaissé le moindre acompte. Concrètement, comment cela se passe ? Les entreprises signent les contrats et s'engagent sur des dates de livraison. En fonction de ces dates, les entreprises vont commencer à fabriquer et donc encaisser des acomptes. Ces acomptes vont servir à se fournir en pièces détachées auprès de leurs fournisseurs, généralement des PME. Lorsque les premières livraisons vont avoir lieu, les entreprises encaisseront leurs soldes et voudront accélérer la cadence. Pour accélérer, la cadence, les entreprises se retrouveront dans la nécessité de recruter plus de personnes et de ce fait améliorera le taux du chômage. Lorsque les contrats seront intégralement honorés, alors, et seulement à ce moment, les entreprises renoueront avec des bénéfices plus importants et les salariés de ces entreprises verront leur salaire augmenté. Voilà très simplement le fonctionnement d'une économie. Je dis bien très simplement.

La seconde raison, mais néanmoins non négligeable, c'est que l'Angleterre n'avait jamais adopté la monnaie unique, l'Euro. Ce qui leur a facilité cette décision. De plus, jusqu'à présent l'Angleterre faisant partie de l'union européenne ne payait pas de taxes sur les relations commerciales qu'elle pouvait avoir avec les autres pays de la zone. Aujourd'hui après sa sortie de la communauté européenne, l'Angleterre n'aura plus de choix, et devra s'acquitter des taxes si elle souhaite continuer à travailler avec ses pays voisins. Donc finalement, c'est une très bonne nouvelle pour la zone européenne, elle va se retrouver avec des ressources supplémentaires, simplement dues aux taxes versées par l'Angleterre et de surcroît l'Europe n'aura plus à verser les subventions relatives aux pays de l'union européenne. Aujourd'hui (Juillet 2019) L'Europe réclame à l'Angleterre une facture de plus de 45 milliards d'Euros ... L'Angleterre se retrouve dans une impasse et pense même réinterroger leurs citoyens via un référendum. Quelles seront les conséquences des deux scénarii possibles concernant le BREXIT : Premier scénario, l'Angleterre sort de l'Europe, bénéfice financier incontestable pour l'Europe, les marchés réagissent plutôt bien. Deuxième scénario, l'Angleterre reste au sein de l'union européenne, les marchés réagiront aussi extrêmement bien car cela montrera au final la puissance de cette zone et démontrera que l'Europe devient incontournable et indispensable pour les pays européens.

Et donc si nous analysons les évolutions boursières, nous voyons bien que les investisseurs ont compris ce fait et la bourse est repartie à la hausse alors qu'elle n'aurait jamais dû baisser à cause du BREXIT.

## La politique monétaire de la BCE de 2015 à 2019 :

Comment expliquer cette politique et comment expliquer les conséquences de celle-ci ?

Eu égard à la situation économique de la zone euro, il était essentiel et urgent de trouver des solutions pour remonter financièrement cette zone, frappée depuis de nombreuses années par des évènements économiques négatifs. En effet, hausse importante du chômage, baisse de la consommation des ménages, des entreprises en perte de vitesse face à leurs concurrents, etc.

La BCE, avec à sa tête Mario DRAGHI, a donc pris les choses en main et a réfléchi à une méthode pour relancer l'économie dans cette zone. Sa décision a été simple, faire ce que les Etats Unis ont fait sept ans auparavant suite à la crise des subprime (grande crise immobilière). L'idée est simple, c'est de créer de la monnaie en très grande quantité afin de dévaluer l'Euro. En effet, et de façon globale, lorsqu'un objet est produit à plusieurs millions d'"exemplaires, son coût est forcément plus bas. A contrario, lorsque nous avons des séries limitées, le prix augmente car il peut y avoir pénurie. Il a mis en route et donc a fait tourner ce que l'on appelle la « planche à billets » Je vous rassure ce n'est qu'une image. Comment cela se passe en réalité ? La Banque Centrale Européenne s'est engagée à racheter une grande partie des dettes d'états mais aussi d'entreprises. Il a donc mis un budget de 1.100 milliards d'euros pour ce faire. Quelques mois suivants cette décision, la BCE a augmenté cette enveloppe pour la porter à 1.700 milliards d'Euros. Les états et les entreprises se sont retrouvés donc moins endettés ce qui leur a permis d'avoir un nouveau souffle pour mettre en place des réformes au sein de leurs pays respectifs. Cela leur a permis aussi d'emprunter à nouveau mais à des taux plus bas.

En parallèle, il a demandé aux banques de prêter de l'argent aux citoyens afin de faire repartir la consommation et provoquer de ce fait de l'inflation (hausse des prix, signe d'une bonne santé économique d'un pays). Sauf à dire, que les taux étaient relativement élevés et les banques n'auraient pas trouvé de clients intéressés par un prêt.

Mario DRAGHI a donc décidé de baisser les taux directeurs et de les fixer à 0%. Les banques ont donc diminué de ce fait leur taux de crédit et ont débloqué de l'argent par l'intermédiaire de prêts pour leurs clients.

Cette baisse des taux décidée par Mario DRAGHI, a eu une autre incidence, et notamment pour forcer les banques à prêter de l'argent. Comme vous le savez, les grandes entreprises financières placent leur trésorerie à la BCE. Compte tenu que la BCE ne propose plus de taux attractifs à ces établissements, les banques n'ont pas d'autres choix que de prêter de l'argent à leurs clients. En effet, cela est facilement compréhensible. Les banques préfèrent offrir à leurs clients des taux très bas qui leur permettront d'engranger des recettes, plutôt que de placer leurs fonds auprès de la BCE à perte. Même si le risque est plus élevé en prêtant de l'argent aux clients.

Revenons très rapidement sur les effets de la baisse de la monnaie européenne. Vous l'avez compris comme je l'ai expliqué dans le cas du BREXIT, cette baisse a permis aux entreprises de signer de gros contrats commerciaux. J'avais décrit le processus de fabrication, et notamment, l'achat de pièces détachées auprès des sous-traitants et fournisseurs considérés comme des PME. Si nous voulons avoir de la visibilité sur le potentiel de reprise économique sur une zone, nous devons analyser le comportement des PME sur les marchés financiers. Lorsque vous vous apercevez que ce secteur monte, vous êtes quasiment certains qu'une reprise économique va avoir lieu. La seule contrainte, c'est que nous ne savons pas quand ... En effet, sur la zone euro, et quelques années auparavant aux Etats-Unis, ce sont les PME qui ont le plus performé avant l'arrivée de signes de reprise économique.

## La politique de Donald TRUMP : Une politique très particulière

En préambule, et avant de prendre quelques exemples de la politique de Donald TRUMP et ses conséquences sur les marchés financiers, je souhaitais attirer votre attention sur le fait que Donald TRUMP a imposé au monde une nouvelle façon de faire de la politique. Pour être dans le coup, nous sommes dans la politique 2.0 avec laquelle les investisseurs institutionnels doivent maintenant agir. Depuis l'élection de Donald TRUMP, les investisseurs réagissaient de façon beaucoup trop réactive et sur-réagissaient aux twits que Donald TRUMP envoyait chaque jour. Après avoir pratiqué cette nouvelle politique, les investisseurs sont redevenus plus modérés et investissent en respectant les fondamentaux des différentes zones géographiques, ce qui a rendu l'évolution des marchés plus logique. Depuis la prise de pouvoir en tant que Président des Etats-Unis Donald TRUMP a voulu montrer au monde qu'il était bien le maître incontesté et l'homme le plus puissant du monde en imposant sa personnalité et son caractère avec les autres chefs d'Etats. Il s'est immédiatement attaqué d'ailleurs Kim JONG-UN, président de la Corée du Nord.

Un affrontement entre deux personnalités à l'ego surdimensionné mais tout en sachant que ni l'un, ni l'autre aurait osé déclaré une guerre. Et pour preuve, cela s'est soldé par une première poignée de main et tout récemment, Donald TRUMP, premier président américain à avoir foulé le sol coréen. Voici ce que souhaitait Donald TRUMP, rentré dans l'histoire en disant de lui que c'est le seul président américain à être entré en Corée du Nord.

**Guerre commerciale entre la Chine et les Etats-Unis :** Toujours dans le même esprit que la Corée du Nord, Donald TRUMP a mis en place sa politique protectionniste et attaque en frontal la Chine, là aussi simplement pour montrer de quoi il est capable. Pragmatiquement, peut-on imaginer raisonnablement un arrêt des relations commerciales entre ces deux pays ? Prenons un exemple pour illustrer l'hérésie de cette tentative. Apple, une des plus grandes entreprises des Etats-Unis, dégageant des bénéfices ahurissant et employant un très grand nombre de salariés américains. Lorsque vous possédez un IPhone, vous achetez américain mais fabriqué et assemblé intégralement en Chine. Si les relations entre ces deux pays cessent, Apple devra se fournir et assembler ces nouveaux IPhone aux Etats-Unis avec des conséquences non négligeables. Augmentation des prix, déjà très hauts et, ce qui est le plus important pour la survie d'une entreprise et la sécurité de l'emploi, diminution des marges. Donald TRUMP souhaite-t-il vraiment mettre en péril sa plus grande entreprise ? Je ne pense pas et le présent me donne raison puisqu'à l'heure où je vous écris un accord est en passe d'être trouvé entre ces deux puissances commerciales. L'incidence sur les marchés ? Aucune. Les marchés américains continuent de monter car les investisseurs anticipent bien évidemment une solution entre la Chine et les Etats-Unis.

**Relations diplomatiques avec l'Iran :**
Il y a quelque temps Donald TRUMP voulait s'attaquer à l'Iran en prônant la destruction d'un drone américain par l'Iran. Il communiquait sur le fait qu'il était prêt à attaquer l'Iran prochainement et menaçait les iraniens d'une guerre sans relâche pour irradier le gouvernement en place. Il s'est ensuite bizarrement rétracté et le retour au calme est arrivé lorsque Vladimir POUTINE est intervenu en précisant qu'il avait les preuves que le drone a bien été abattu sur le territoire iranien. Tout est rentré dans l'ordre après cette intervention de

POUTINE, car si Donald TRUMP peut paraître fou dans ces agissements, il sait que face à POUTINE il ne fera pas le poids face à un homme qui ne parle pas mais qui agit sans scrupule. Si vous analysez d'ailleurs les petits fronts que Donald TRUMP ouvre depuis son élection, jamais il n'a osé s'attaquer à la Russie. L'incidence sur les marchés ? Aucune. Les investisseurs ont compris la stratégie de Donald TRUMP.

**Relations avec le nouveau patron de la FED Jérôme POWELL :** Après le mandat de Janet Yellen, ex patronne de la réserve fédérale (FED), la nomination de Jérôme POWELL a provoqué chez Donald TRUMP un certain énervement. A peine nommé, Donald TRUMP a exhorté Jérôme POWELL de ne pas continuer à augmenter les taux qui pourrait être néfaste pour l'économie des entreprises américaines. A cela, Jérôme POWELL a répondu que la FED était une institution autonome, non régie par l'Etat et a continué à faire ce qu'il lui semblait être bon. Donald TRUMP a même cherché un moyen légal de destituer Jérôme POWELL, en vain. L'incidence sur les marchés ? Aucune ...

En conclusion de cette partie et pour revenir à vos décisions d'investissement sur les marchés financiers, il faut bien avoir en tête que peu importe les évènements politiques ou géopolitiques, les marchés financiers continueront d'évoluer en fonction des fondamentaux et de la bonne santé des entreprises.

Si à cela, vous ajoutez une pointe de stratégie et un objectif à atteindre, vos investissements s'en sortiront toujours positifs. Ces évènements vous apportent de surcroît une opportunité d'investissement car comme expliqué au cœur de cet ouvrage, vous vous offrez une possibilité de moyenner à la baisse votre prix d'achat moyen pondéré (PAMP) via l'épargne programmée. Et vous le savez maintenant, si votre prix d'achat baisse, votre performance augmente.

Ce qu'il faut retenir :

- Se fixer des objectifs
- Déterminer une échéance de placement
- Prévoir une épargne de précaution
- Diversifier son épargne
- Investir progressivement

Ces idées vous conduiront, en toute sérénité et confiance, à investir sur des fonds plus dynamiques et vous aurez le plaisir d'entrer dans un nouveau monde, dans un monde différent, mais un monde qui vous offrira beaucoup d'opportunités.

Alors pour en avoir le cœur net et profiter du plaisir que cela procure lorsque nous réussissons à gagner de l'argent, il suffit de faire le pas et EPARGNER ... Et EPARGNER c'est ...

- E couter votre conseiller
- P artager votre point de vue
- A rgumenter votre point de vue
- R éfléchir à sa propre situation
- G agner en confiance
- N eutraliser les info médias
- E xpliquer vos projets
- R éaliser de belles performances

## *NOTE DE L'AUTEUR*

Je tenais à écrire ces quelques lignes pour bien réaffirmer mon objectif quant à la publication de ce recueil. Quelques passages, voire quelques termes peuvent paraitre un peu durs envers les conseillers en agence mais je suis convaincu, pour les rencontrer tous les jours, que leur posture est en priorité mis à la disposition de la satisfaction de leurs clients. Ils ont sincèrement en tête de vous apporter le meilleur conseil possible. Ces conseillers acquièrent petit à petit les connaissances et compétences nécessaires à un bon conseil en investissement, mais leur quotidien est réellement très chargé. Il ne faut oublier les innombrables sujets qu'ils doivent traiter au quotidien : gestion des comptes, problèmes divers et variés sur le fonctionnement de celui-ci, traitement des réclamations, mise en place de prêts immobiliers, de prêts à la consommation, vente de produits d'assurances, commande de chéquiers, de cartes bleues, accompagnement dans votre quotidien, etc... Ce sont des conseillers généralistes. Donc quand je dis qu'ils ne connaissent ou ne comprennent pas les marchés financiers, ce n'est pas de leur ressort. Et je trouve cela normal, ce n'est pas leur cœur de métier.

Malgré toutes ces tâches, vos conseillers restent professionnels et se mettent chaque jour à votre service.

Ce n'est donc pas par hasard d'ailleurs, comme je l'ai dit dans le corps du livre, que des conseillers spécialisés apparaissent dans les agences bancaires. Je tiens aussi à leur rendre hommage pour tout leur travail, et surtout à leur implication dans leur mission.

Mesdames et messieurs, je tiens à vous assurer que vos conseillers ont à cœur de vous apporter tout leur savoir et les conseils adaptés à vos objectifs.

Pensez simplement à bien les définir avec eux lors de votre entretien ...

Soyez indulgents avec eux car ils sont tous bienveillants à votre égard.

Un petit mot aussi aux investisseurs avertis. Bien évidemment, vous l'avez compris, ce recueil ne vous est pas forcément destiné, et j'anticipe vos réactions quant à la lecture de cet ouvrage, notamment à la lecture du sous-titre. En effet, j'ai voulu qu'il soit compréhensible par le plus grand nombre d'épargnants et la vulgarisation des marchés financiers doit permettre à ces épargnants de pouvoir investir à leur rythme sur des fonds plus dynamiques. Ce guide leur permet simplement d'être averti sur les risques de certains placements et la stratégie doit être au cœur de leurs réflexions.

## *AMOUREUX MALGRE MOI …*

### *(Extrait 1)*

Le soleil se couche sur les rues de Paris, laissant derrière lui une couleur orange vif, illuminant les immeubles Haussmanniens qui se reflètent sur les trottoirs très larges du Boulevard St Michel. Nous sommes à l'automne, une saison a priori pluvieuse, mais le soleil est encore là. Il s'y plait mais se retire peu à peu pour laisser place à la grisaille, au vent, à la pluie, au mauvais temps …

Pourtant, ce soleil présent nous laisse un espoir incommensurable et nous met du baume au cœur. Notre cœur, un cœur qui veut continuer de battre avec chaleur malgré le froid ambiant sur la capitale française. Le vent, la pluie, la grisaille mais tellement d'espoir en regardant ce coucher de soleil, digne d'un coucher au bord de mer. Il fait maintenant froid, mais nos yeux sont émerveillés et notre cœur se réchauffe devant ce magnifique spectacle que nous offre cet astre unique, chaud et haut en couleur. Le soleil se cache à présent derrière la ligne d'horizon et une sensation de froideur m'envahit de plus en plus. Je continue à marcher en accélérant le pas pensant me réchauffer. J'arpente le boulevard et continue à marcher les yeux levés vers le ciel. La chaleur revient, en observant l'architecture monumentale de ces immeubles parisiens. Je continue à flâner et je suis rapidement rattrapé par des bruits. Je sors immédiatement de ma torpeur en observant l'animation et l'agitation autour de moi.

J'observe ces groupuscules de jeunes, pour la plupart en couple, se tenant la main et en se regardant langoureusement les yeux dans les yeux.

Paris, la ville des amoureux, la ville lumière. Je fixe mon regard sur un couple d'environ une trentaine d'années. Ils sont enlacés, leurs mains passent et repassent dans le dos de chacun. Je remarque leurs yeux se fermer, et leurs visages se rapprocher, tout en s'effleurant joue contre joue. Ils se séparent un instant, se regardent longuement, une larme coule sur le visage de la jeune femme et le jeune homme approche ses lèvres de ceux de sa compagne, tout en passant légèrement et délicatement son pouce sur sa joue, effaçant ainsi cette larme chaude.

Il l'embrasse tout en l'enlaçant. Il se recule, se rapproche et un long baiser s'ensuit avec beaucoup de chaleur et d'engouement. Je peux ressentir à cet instant, beaucoup d'amour lorsque la jeune femme serre son compagnon de plus en plus fort dans ses bras. Ils se posent un moment, et continuent de s'observer dans un regard long et perçant. Ils sont amoureux, c'est certain. Ont-ils remarqué le coucher de soleil quelques minutes auparavant ? Sentent-ils la froideur de la nuit tombée ?

Leurs cœurs sont tellement remplis d'amour qu'ils ne ressentent certainement pas le vent et le froid qui est maintenant très présent sur Paris. Ils sont beaux, complices et amoureux. Sont-ils mariés ? Vont-ils s'unir prochainement ?

Je les laisse à leurs ébats et continue ma route sans accélérer le pas. J'avance doucement et je me sens bien, libre et reposé.

Je ne ressens plus la froideur ambiante et me rappelle ce magnifique coucher de soleil. Peut-être était-ce le dernier de la saison ? Je suis heureux d'en avoir profité et d'avoir été présent à cet instant.

Je continue à marcher et arpente ce boulevard, toujours les yeux levés vers les immeubles Haussmanniens.

Je n'aperçois plus l'ombre des immeubles sur les trottoirs, créé par le coucher de soleil.

Les réverbères se sont entre temps allumés et la couleur orange a fait place à une couleur blanche, belle et apaisante. Cette lumière m'interpelle et me fait baisser les yeux, droit devant moi.

Je marche, j'observe, je regarde autour de moi.

Je repense à la scène amoureuse à laquelle je venais d'assister et me dis que j'aimerais tant retrouver l'amour et ressentir à nouveau cette sensation d'être amoureux. J'en ai besoin, cela me manque énormément. Je suis un sensible et j'ai toujours eu envie de trouver l'amour. Mais pour cela, il faut être deux. Etre à deux n'est pas le plus compliqué, être amoureux à deux est un sujet plus complexe ...

Je poursuis ma route à la recherche d'un signe d'en haut, de quelque chose qui me permettrait de retrouver confiance en moi, et qui me laisserait entrevoir un nouvel espoir de pouvoir refonder une vie de famille, une vie de couple, une vie tout simplement ...

***(Extrait 2)***

*Paris, 21 Août 2018 :*

*Seul, chez moi ressassant un évènement difficile à surmonter, je me décide à me connecter sur les réseaux sociaux pour trouver du réconfort. Quelle ne fut pas ma surprise en te découvrant, et en te parlant via des messages incessants jusque tard dans la soirée. Je t'ai demandé si je pouvais t'appeler pour entendre ta voix et tu m'as répondu par l'affirmative sans même réfléchir. Je t'appelle et au son de ta voix, je craque. Mais voilà, tu n'es pas de Paris, tu habites Villeurbanne, commune limitrophe de Lyon. Et moi je suis à Paris.*

*Nous échangeons toutefois des heures pleines jusque 5h du matin, nous avons passé une nuit blanche au téléphone.*

*Paris, 22 Août 2018 :*

*Nous continuons à nous écrire la journée et nous nous appelons à nouveau le soir pour finir notre conversation à 4h du matin. Nous nous sommes presque tout dit et c'est comme-ci nous nous connaissons depuis toujours. Entre nous c'est une évidence. Mais voilà, les échanges écrits me plaisent, ta voix me plait énormément, il me manque le physique. Il faut se voir.*

*A cet instant je te demande si tu es disponible le lendemain soir pour une première rencontre, tu acceptes mais tu te poses des questions, tu ne comprenais pas le sens de ma demande. Je t'ai répondu que je prenais une journée de congés pour venir te voir à Lyon.*

*Paris 23 Août 2018 :*

*Il est 10h du matin, après m'être levé et après avoir réservé une chambre d'hôtel près de chez toi, je prends ma voiture et file vers Lyon pour te retrouver. Je n'imaginais pas un instant de ce qui allait se passer, et pourtant au fond de moi, je ressentais comme une force qui m'attirait vers toi alors même que je ne t'avais jamais vu.*

*Une longue route se dessine devant moi et chaque minute passée dans ma voiture me rapproche doucement de toi. Le stress monte peu à peu, l'inconnu m'inquiète mais je reste toutefois confiant sur notre rencontre.*

*Lyon 23 Août 2018 :*

*15h00 : J'arrive à l'hôtel, je m'installe et attend patiemment l'heure de notre rendez-vous à 21 h. Tout passe dans ma tête, en espérant que je te plairai physiquement et que tu me plairais aussi ...*

*Il est 19h, je m'installe à une terrasse de café proche de l'hôtel en t'attendant patiemment. Un Pastis, quelques amuse-bouche, sous le soleil, tout en découvrant cette ville que je ne connaissais pas du tout. Je me sens bien, je suis apaisé et je suis serein.*

*Il est 20h, je remonte à l'hôtel, je me prépare et m'apprête à t'accueillir et enfin mettre un visage sur cette magnifique voix douce et délicieuse.*

*21h, tu arrives dans ta voiture, je te devine à travers la vitre, mes yeux larmoyants par ce que je suis en train de découvrir et je te demande de sortir afin de te voir complètement. Je re-craque et tombe littéralement sous ton charme, je vais t'aimer c'est certain.*

*Je t'embrasse et te serre dans mes bras alors même que nous ne nous étions jamais rencontrés auparavant. C'est une évidence.*

*Tu me conduis à notre diner que tu avais pris soin d'organiser pour nous et nous nous retrouvons assis, l'un en face de l'autre sans dire un mot. Nous nous regardons longuement et je perçois une grande émotion montée en moi mais aussi montée en toi. Nous sommes sur la même longueur d'ondes et voilà que notre histoire d'amour démarre.*

*Et voici depuis ce jour, nous vivons ensemble, nous prévoyons de nous marier et de nous aimer jusqu'à la fin de nos jours.*

*Merci à toi de m'avoir soutenu tout ce temps et de m'avoir poussé à continuer d'écrire. Merci de m'avoir accepté dans ta vie et de m'avoir ouvert ton cœur. Ton cœur si grand que je ne saurai le remplir pleinement. Tu m'as touché en plein cœur et je suis tellement heureux de faire partie de ta vie aujourd'hui.*

*Pour finir, et si vous souhaitez en savoir plus sur ma méthode ou simplement échanger sur ce que vous venez de lire, je reste à votre entière disposition par mail :*

*didier.journo@gmail.com*